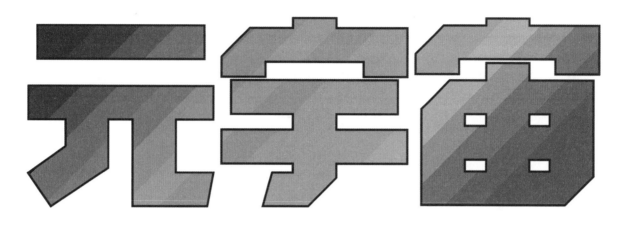

元宇宙

互联网新未来

宋立桓　著

U0275049

清华大学出版社

北京

内 容 简 介

一只活跃在数码世界的"彩虹猫"价值数百万元，一条推特价值上千万元，一件JPG格式的数字艺术品价值数亿元……一个打破现实和假想界限的世界，将不再是遥远的未来故事。元宇宙时代，技术变革的大幕已经拉开，元宇宙是一个人人都能参与的数字新世界。未来，每个人的生活、娱乐、社交、工作都将在元宇宙中完成。

本书共分10章，内容包括元宇宙未来已悄然而至、元宇宙的核心支撑区块链、元宇宙和AI互相成就彼此、元宇宙数字资产确权NFT解决方案、元宇宙最热赛道虚拟人、动作捕捉技术让虚拟更现实、元宇宙第一股Roblox游戏创作平台解密、深度解读The Sandbox元宇宙沙盒游戏、虚拟世界Decentraland、元宇宙产业发展阶段与投资逻辑分析。本书作者为大厂一线架构师，编写本书时绝不是讲概念，而是从专业落地的视角给大家分享元宇宙的最新前沿成果和作者观点。

本书适合元宇宙技术初学者、元宇宙产品开发人员、元宇宙产品经理、元宇宙行业研究人员以及高校相关专业课程的师生阅读。

图书在版编目（CIP）数据

元宇宙：互联网新未来/宋立桓著. —北京：清华大学出版社，2022.5
ISBN 978-7-302-60581-2

Ⅰ．①元… Ⅱ．①宋… Ⅲ．①信息经济 Ⅳ．①F49

中国版本图书馆CIP数据核字（2022）第067172号

责任编辑：夏毓彦
封面设计：王　翔
责任校对：闫秀华
责任印制：杨　艳

出版发行：清华大学出版社
网　　址：http://www.tup.com.cn，http://www.wqbook.com
地　　址：北京清华大学学研大厦A座　　　　　　　　邮　编：100084
社 总 机：010-83470000　　　　　　　　　　　　　邮　购：010-62786544
投稿与读者服务：010-62776969，c-service@tup.tsinghua.edu.cn
质量反馈：010-62772015，zhiliang@tup.tsinghua.edu.cn

印 装 者：三河市铭诚印务有限公司
经　　销：全国新华书店
开　　本：190mm×260mm　　　　　印　　张：12　　　字　　数：324千字
版　　次：2022年6月第1版　　　　　印　　次：2022年6月第1次印刷
定　　价：79.00元

产品编号：097360-01

推 荐 语

未来已来，只是尚未流行。宋立桓为我们打开了认知未来平行数字世界的大门。数字经济时代，给人们带来美好的希望和憧憬，而了解元宇宙是把握数字经济财富机遇的必经之路。对于在元宇宙浪潮之下职业更迭交替的当代年轻人而言，需要的是养成元宇宙新思维，包括技术思维、金融思维、产业思维等，这样才能在元宇宙的时代抓住新的发展机遇。

陈羽中　中国科学技术大学博士、福州大学计算机与大数据学院副院长

元宇宙是一个平行于现实世界但又独立于现实世界的虚拟世界，区块链、游戏、网络算力、展示方式是构建元宇宙的四大关键技术，虚拟人、NFT数字藏品都是火热的元宇宙应用。如果大家还是对元宇宙这个概念很模糊的话，推荐大家阅读宋老师写的这本书，这本书讲解了元宇宙的起源、应用、技术、产业发展以及对于个人发展会有哪些机遇。阅读完本书之后，你一定会加深对元宇宙的理解。

张彤　腾讯安全生态战略总经理

元宇宙倾向于"平台+UGC"的模式，给创作者一个平台。在这本书中，立桓兄由浅入深地对元宇宙进行了层层剖析，向我们清晰地展示出元宇宙的样貌，并以形象生动的前瞻视角讲述了元宇宙的发展脉络。时代浪潮，浩浩荡荡，顺之者昌，祝愿读者借助本书乘风而起。

黄龙　百度智能云华南区解决方案总监

元宇宙是下一代互联网的新形态。宋老师这本书从元宇宙的技术支撑、人文思想、价值观念和经济模式等方面的认知出发，带领读者体验不一样的平行世界，从而踏进人类互联网发展的一个崭新时代。

邓展昭　阿里云业务拓展专家

非常佩服立桓兄的笔耕不辍，用持续高质量的输出来造福广大 IT 从业人员。元宇宙是近年来最火的概念，各大科技巨头，包括 Facebook、Apple、Microsoft、NVIDIA 等都在积极布局元宇宙。元宇宙也被称为互联网的下一个未来，无论是个人还是公司，越早对其有深入的认识和理解，就越有可能抢占有利的竞争位置。元宇宙涉及的相关技术领域、相关产业的发展阶段、当前的表现形式，这些问题都可以从本书中找到答案。未来已来，本书将帮你打开未来世界的大门。

闫静　亚马逊云科技客户交付架构师

前　　言

你眼中的真实是什么？

柏拉图在两千年之前的"洞穴之喻"里就给了我们非常精彩的解释。

被束缚手脚的囚徒们从小只能看见物体通过火炬投影在洞穴壁上的影子，故而认为影子是现实生活中唯一真实的事物。当囚徒有幸被释放走出洞穴时，会发现外面的事物与他原本认知的影子世界完全不同，从而难以接受甚至为此发怒。

从本质上说，人类认识世界是通过媒介与感官，但是谁也无法保证媒介与感官的可靠性，我们就如同看着墙壁上的影像的囚徒。

现实生活中我们拥有纷繁复杂的各种感受，并以此建立了属于我们自己的世界观。走出洞穴是突破囚徒困境的一种方式，但走出洞穴的世界是否真实我们无法得知。

随着技术的发展，这样的真实和虚拟的界限也在逐渐模糊。

未来已悄然而至。

1992 年，在科幻小说作家尼尔·斯蒂芬森的作品《雪崩》中，构思了一个脱胎于现实世界并与之平行的元宇宙（Metaverse）。

随着"元宇宙"这个词一起火爆的是一家叫 Roblox 的游戏公司。Roblox 号称元宇宙第一股，自从 2021 年 3 月 10 日在纽交所上市之后，连续上涨至市值突破 400 亿美元。真正让元宇宙这个词出圈而且引起轰动的是 Facebook 创始人扎克伯格，2021 年 8 月 14 日，扎克伯克在接受采访时表示未来五年内会将 Facebook 打造成元宇宙公司。

元宇宙就是一个高度虚拟的网络世界，这个网络世界和现实生活有一定的切合度，所有人只要有对应的账号就可以加入这个看得见摸不着的虚拟世界。此时此刻，科幻小说或者科幻电影里的故事正在构建。从本质上讲，我们正在构建一个可能会超乎我们想象的新世界。当它逐渐完善时，我们的物理现实将与数字宇宙融合。换句话说这将改变我们的居所、我们的娱乐方式，乃至我们的办公方式。

不可否认的是，在技术上我们只是在触及皮毛，处在初级阶段。但新技术往往都会以指数的方式去发展，随着计算机性能的提升和 5G 网络的覆盖，我们对元宇宙的应用前景抱有非常乐观的态度。

而其他技术如人工智能、区块链、AR、VR、动作捕捉的发展也将释放更多的可能性，我们正以一种以前无法想象的方式在物理和数字之间进行整合。重新定义体验在真正的三维世界的真正含义。

未来，已悄然而至。当然，随着元宇宙的火热，各类声音充斥着这个行业，有持续看好的观点，也有元宇宙充满泡沫的论调，还有犹犹豫豫表示观望的驻足，但这些都阻止不了元宇宙的到来和发展，毕竟我们都是历史的尘埃，但是，在历史中发光发热是我们日复一日的使命。

本书适合的读者

本书介绍了元宇宙时代整体的技术特征，包括区块链确权数字资产、智能合约构建新经济体系、虚拟数字人、边玩边赚的游戏模式，在大方向上阐述了元宇宙未来对我们社会生活的影响。本书适合元宇宙技术初学者、元宇宙产品开发人员、元宇宙产品经理、元宇宙行业研究人员以及高校相关专业课程的师生阅读。

致谢

感谢我的妻子和女儿，你们是我心灵的港湾！

感谢我的父母，你们一直在默默地支持着我！

感谢我的朋友和同事，相互学习的同时彼此欣赏！

感谢清华大学出版社的老师们帮助我出版了这本有意义的著作。

万事开头难，只有打开了一扇窗户，才能发现一个全新的世界。这本书就能帮助新人打开元宇宙的这扇窗，对未来的虚拟世界有了全新的憧憬，了解元宇宙，把握未来！

宋立桓

腾讯云资深架构师

云计算、大数据、人工智能咨询顾问

2022 年 1 月

目　　录

与区块链概念兴起不同，元宇宙是真正以一家上市公司 Roblox（中文名：罗布乐思）的案例为佐证的，这也让元宇宙区别于泡沫式的概念，具备了现实意义。Facebook（脸书）宣布公司已改名为 Meta，其创始人马克·扎克伯格（Mark Zuckerberg）这一举动引来众多的讨论。Meta，是英文 Metaverse 的前缀，中文为"元宇宙"。而如今"元宇宙"概念已经成为了全球资本市场最为有名的热词。我们认为，终极的元宇宙联通物理世界和数字世界，将成为 20 年后人类的生活方式，重塑数字经济体系。

1.1　什么是元宇宙

1.1.1　元宇宙的起源和定义

　　Metaverse 一词由前缀 meta（意为超越、元）和词根 verse（源于 universe，宇宙）组成，直译而来便是"元宇宙"。这一概念最早出自于尼尔·斯蒂芬森（Neal Stephenson）在 1992年出版的科幻小说《雪崩》（Snow Crash）。科幻作家尼尔·斯蒂芬森在小说中提出 Metaverse（元宇宙）和 Avatar（化身）两个概念。人们在一个与现实世界平行的虚拟空间（元宇宙）中，以虚拟化身进行交流互动、自由生活。

　　如图 1-1 所示，科幻电影《头号玩家》被认为是目前最符合《雪崩》中描述的元宇宙形态。未来人类的数字化生活方式也许正如电影《头号玩家》的场景：未来的某一天，人们可以随时随地切换身份，自由穿梭于物理世界和数字世界，在虚拟空间和时间所构成的"元宇宙"中学习、工作、交友、购物、旅游等。玩家享有所有权和自治权，通过沉浸式的体验，让虚拟进一步接近现实。

图 1-1

突如其来的疫情，使得越来越多的现实生活中的行为活动转向线上，如图 1-2 所示，加州大学伯克利分校为了让学生不因为疫情而错过毕业典礼，在沙盘游戏《我的世界》里重建了校园，学生以虚拟化身齐聚一堂完成毕业仪式。

图 1-2

我们再看一下维基百科对元宇宙的定义："通过虚拟增强的物理现实，呈现收敛性和物理持久性特征的、基于未来互联网的、具有连接感知和共享特征的 3D 虚拟空间"。

我们可以认为"元宇宙"是一个平行于现实世界又独立于现实世界的虚拟空间，是映射现实世界的在线虚拟世界，是越来越真实的数字虚拟世界。

回顾互联网发展历程，从 PC 局域网到移动互联网，互联网使用的沉浸感逐步提升，虚拟与现实的距离也逐渐缩小。在此趋势下，沉浸感、参与度都达到峰值的 Metaverse 或许就是互联网的"终极形态"。第一代互联网是 PC 互联网，就是大家通过电脑上网。第二代互联网是移动互联网，就是大家通过手机、平板电脑等移动设备上网。元宇宙就是第三代互联网，元宇宙通过虚拟现实（Virtual Reality，VR）、增强现实（Augmented Reality，AR）等虚拟现实设备接入互联网，实现身临其境的效果。如图 1-3 所示，现在已有的虚拟现实设备主要是头戴式 VR 设备、体感手套，以及 AR 眼镜。但是在未来，也许会出现全身体感衣服。当然，终极版的应该是人脑直接和互联网连接，直接发送信息和接收反馈。

图 1-3

那么元宇宙能实现什么功能呢？

第一，游戏。作为一个2012年就接触VR，并准备开一家VR体验馆的人，笔者想说，即使现在的VR设备如此粗糙，但是它的3D效果体验还是远远胜过平面显示器的。现在市面上已经有很多款VR设备和VR游戏，大家可以去体验一下。根据第三方平台的预计，以Oculus Quest为代表，2021年全球VR设备的出货量接近千万台，预计到2025年，全球VR头戴设备的出货量将超过2800万台。如果人脑和机器的交互能力能够取得突破，那么元宇宙里的体验几乎可以等同于真实世界里的体验。

第二，社交。你可以想象这样一个场景：你身处广州，有两个很要好的朋友分别位于上海和北京，你们晚上相约一起去看电影，但是三座城市相隔这么远，来去很费劲吧？那就来元宇宙看一场电影吧！如图1-4所示。

图 1-4

你戴着VR设备登录这个电影院时，两位好友已经就位了。你伸出戴着体感手套的手，跟朋友们亲切握手。一切都是如此真实。

第三，远程办公和会议。大家都不用挤在大城市的写字楼里了。你想住农村，或者去国外，都可以。到了上班时间，大家都带上设备，同事们似乎都在身边。当你讲完自己的方案，领导脸上的细微表情，都能被你精确捕捉。领导拿出一个样品，你可以从各个角度观看。不但是办公室人员，生产人员同样可以通过远程进行生产操作。医生们可以远程手术，老师们可以远程上课……元宇宙条件下的远程效果，远胜现在的平面时代。

目前这个元宇宙虚拟会议软件已经落地实现，元宇宙公司Facebook有一个叫作Horizon Workrooms的虚拟会议室。这款"炸场"的VR会议软件让整个元宇宙圈都为之一振，在各大社交媒体上瞬间刷屏。如图1-5所示，这个功能的特点在于允许用户用自己的虚拟化身与其他人在同一个虚拟空间中进行协作，创造了全新的沉浸式会议体验。

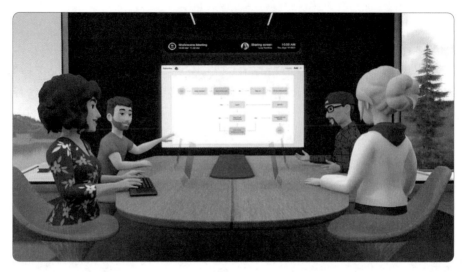

图 1-5

这款应用软件之所以能够引起如此强烈的反响，是因为当大部分人都还停留在略显飘缈的元宇宙理论概念中时，这款软件演示了现实和虚拟世界如何在实际应用中进行投射与交互，从而真正展现出了元宇宙世界的一种形态。

整个 Horizon Workrooms 的概念就像是一个极度迷你的会议室版《头号玩家》绿洲世界，所有参会者都通过 VR 设备进入，用自己的虚拟化身与其他人的虚拟化身进行交流，你在现实世界的动作也会投射在虚拟会议室里。这也是 Facebook 创始人扎克伯格向着脑海中想象的元宇宙世界所迈出的重要一步。

元宇宙会改变社会的形态，会改变人们的思想，也会造成伦理和价值观的分裂。地球上的人们，或许会分成两类：一类是追求现实世界中星辰大海的务实派，另一类则是在元宇宙的大世界里生活的务虚派。但是一切该来的，终会到来。

1.1.2 元宇宙的核心要素

对于元宇宙的核心要素，目前市场上并没有形成统一的观点，但是我们发现一些共性，我们选取相对更为权威的元宇宙雏形 Roblox 招股说明书中阐述的元宇宙必要的八大要素来说明。如图 1-6 所示，这些基本要素包括：身份（Identity）、朋友（Friends）、沉浸感（Immersive）、低延迟（Low Friction）、多元化（Variety）、随地性（Anywhere）、经济（Economy）和文明（Civility）。

图 1-6

◎ **身份**：指的是当人们进入元宇宙之后，会获得一个虚拟的身份，而这个身份是和真实世界中的身份一一对应的。

◎ **朋友**：指的是人们在元宇宙中的朋友。一般来说，元宇宙也会有自己的社交网络系统，采用这个系统，人们就可以在元宇宙中结交朋友。

◎ **沉浸感**：指的是人们对于元宇宙中的身份有很好的代入感。在很多的元宇宙产品中，都使用了 AR 和 VR 等技术。为了保证沉浸感的良好，这些技术的性能应该处于一个比较良好的状况。

◎ **低延时**：指的是元宇宙中的一切都是同步发生的，没有时差或时延，能达到比较完美的体验，这对网络和服务器的性能具有很高的要求。

◎ **多元化**：指的是元宇宙可以提供丰富、差异化的内容。

◎ **随地性**：指的是人们可以在任何地方登录元宇宙，不受空间限制。

◎ **经济**：指的是内置于元宇宙的经济系统。一般来说，一个元宇宙系统需要拥有一套内部的经济系统，用来调节用户在元宇宙内部的生产、分配、交换和消费。现在，不少元宇宙类产品都选择在区块链（Block Chain）和加密货币的基础上建设自己的经济系统。

◎ **文明**：指的是人们在元宇宙内建立的文明体系。在元宇宙当中，人们通过不断地交互、交流逐步生成各种规则、秩序，形成各种各样的群体、部落。在经过一定时间的发展之后，就可能形成与现实世界相互独立的文明系统。

根据这八大基本要素，我们进一步总结出如下几个关键特征：

（1）使用方便。在元宇宙的虚拟世界中，人类工作、娱乐都在其中，要求虚拟世界与现实世界完全融合，使用和参与必须非常方便。这要求相关硬件设备要做到比手机更便携且没有门槛。这个概念其实就是 Roblox 所说的低延迟和随地。

（2）沉浸式体验。沉浸式的体验就是身临其境的感觉，元宇宙应具备对现实世界的替代性。基于 VR 和 AR 的设备在拟真度上的突破将给沉浸式体验带来质的提升。几乎分辨不出虚拟世界与现实世界的边界，虚实共生，虚实融合。这里对应 Roblox 所说的沉浸感和多元化。

（3）社交网络。没有社交就不能称之为元宇宙，社交网络是元宇宙的标配。人类作为群居动物，从原始时代开始伴随着人类进步发展的一直都是社交。交流与沟通，才有思维火花的产生，才有人类文明的进步。元宇宙能突破物理时空的局限性，不仅形成对线下关系的替代，基于对虚拟环境和存在的认同，还将对主流的社交模式产生重大变革。这里对应 Roblox 所说的身份和朋友。

（4）经济系统。经济活动是社会的基础，元宇宙作为虚拟的社会，必须具备一个公平的经济系统。支撑元宇宙经济系统的要素包括：数字创造、数字资产、数字市场、数字货币。任何人都可以进行创造、交易，从而获得回报，形成与现实生活类似的经济文化繁荣。经济系统是驱动元宇宙不断前进和发展的引擎。

（5）文明。元宇宙的终极层次是形成自己的文明体系。元宇宙并不是唯一的，各个元宇宙中的居民在一起共同生活的过程中设定共同的规则，创造出各种数字资产，建立起不同的组织结构，逐渐演化成一个文明社会。

1.2 元宇宙的应用前景

随着 5G、云计算、VR/AR 等技术快速发展，元宇宙正加速演化为可以映射现实世界、又独立于现实世界的虚拟空间。现实中的人可以使用数字身份在"元宇宙"中娱乐、社交、学习和工作等，完全打破了生活和游戏的边界。这是一个新的时代，元宇宙会带你去从未想过的地方。

1.2.1 游戏

游戏是元宇宙的基础形态，作为基于现实的模拟和延伸，为元宇宙用户提供更加沉浸、实时和多元化的体验；现阶段以 *Roblox*、*The Sandbox* 为代表的游戏已经得到市场认可，作为元宇宙的雏形，游戏未来将持续催化元宇宙的发展。

笔者认为的元宇宙游戏大致有以下几个特点：

（1）在元宇宙的游戏世界里，玩家们享受这里的自由：没有脚本，没有人物定位，各路玩家自由发挥，比如建筑师可建房、艺术家可办展览、人们可交友游玩，甚至躺着晒太阳也没人管。这种天马行空的玩法，反而造就了精美的私人场景布置。绝妙的游戏环节设计，也在吸引越来越多玩家。

（2）目前游戏的沉浸感还比较有限，真正的元宇宙一旦附加上未来技术下的全息虚拟现实环境，将更加灵活。

（3）能够支持和激励玩家创造游戏及游戏中的资产。

（4）有经济效益，有完整的交易系统，将现实世界的实体买卖或电商交易平移到元宇宙，且可以变现。

Roblox 和 The Sandbox 是两个颠覆性游戏制作平台，它们让数百万创作者参与创作元宇宙游戏成为可能。它们提供丰富完善的工具，最大限度降低操作门槛，不需要耗费很多人很多时间，也不需要专业编程技能，只要有创意，简单使用现有的工具就能帮你实现。

如图 1-7 所示，创作者使用 Roblox Studio 这个所见即所得的图形化开发工具制作游戏，通过售卖游戏可以获得 robux 币（Roblox 里的虚拟货币），且支持提现。Roblox 平台的每一个玩家都可以是创作者，创作者也都可以是玩家，游戏拥有完整的交易系统，有稳定的经济链。截至 2021 年 5 月，*Roblox* 的日活跃用户约为 4300 万，全球范围内的开发者达数百万，产品超过千万款（包含未上架作品），是全球规模最大的用户创造内容（User Generated Coutent，UGC）游戏平台。

图 1-7

The Sandbox 游戏平台赋予创作者、艺术家、游戏玩家自由创造的权力。如图 1-8 所示，The Sandbox 提供 VoxEdit 工具软件，玩家可以通过 VoxEdit 创建游戏中的模型，模型一旦通过官方的认证，就能放到官方的市场上进行售卖。有了模型之后，玩家可以通过 GameMaker 游戏制作软件，在不需要编程的情况下，创造游戏场景及对应的游戏玩法。

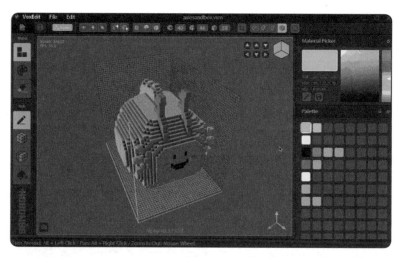

图 1-8

从元宇宙的角度来讲，Roblox 和 The Sandbox 探索出的这套元宇宙游戏的商业模式，不经意之间也暗合元宇宙的一些潜在特点，因为创作者会获得玩家在他们设计的虚拟世界中所消耗的虚拟货币，这就会激励创作者去构建一个更有可玩性并且具有更加合理的经济系统的虚拟世界游戏。

1.2.2 社交

随着底层技术的提升和社交场景的拓宽，社交是打通虚拟世界和现实世界边界的重要手段之一。"元宇宙"可以让远程交流变得更为自然、顺畅，而不仅仅是通过分享照片和新闻链接进行社交，尤其在疫情肆虐的当下。人们的社交边界可得到极大的拓宽。如图1-9

所示，虚拟化的身份能够淡化物理距离、社会地位等因素造成的社交障碍，并且给予用户更强的代入感。通过个性化建立虚拟身份，用户可以选择将其打造成自己喜欢的样子，从而给予用户更强的代入感，像Roblox拥有丰富的Avatar商店，用户还可以自己创造道具来彰显个性。

图1-9

同时，虚拟社交平台消除了一系列社交障碍，包括物理距离、相貌打扮、贫富差距或者种族和信仰差异等因素，使用户有机会毫无压力地表达自我。

1.2.3 教育

所谓"言传身教"，元宇宙可以完美克服线上教育的不足，解决教育资源分布不均衡的问题。不仅如此，依靠元宇宙技术，教师还可以展示很多在现实中难以展示的教学材料，例如复杂的实验等。元宇宙的到来将重塑未来的教育方式，而VR、AR等技术将会是打造"元宇宙＋教育"的强大工具。不妨想象，在"元宇宙＋教育"的全新教学环境中，学生戴上VR眼镜和耳机，就能即刻穿越到虚拟教学空间中，身临其境地接触现实世界不常观察到的立体教学模型，比如行星运动轨迹、建筑内部结构、人体器官等。

当前，以VR、AR等技术为主构造的虚拟教学空间已经在实际教学中实践与运用了。如图1-10所示，元宇宙游戏公司Roblox创立了一项1000万美元的资金项目，专门用于打造3D多人互动式教学空间，来进军K12、大学以及职业教育的在线学习领域。

图1-10

在韩国，首尔市教育厅为应对新冠疫情，面向小学和初中学生开设以 VR、AR 等技术构建的虚拟科学课程。在虚拟科学展览馆，约有 2100 名学生以构建的虚拟形象参与各种科学活动，亲身探索互动式的虚拟世界。如图 1-11 所示，中国传媒大学动画与数字艺术学院在游戏《我的世界》中一比一复刻学校场景，学生以像素小人的虚拟形象在游戏里完成了线上毕业典礼。每个学生都可以在《我的世界》的虚拟空间里设置属于自己的专属虚拟角色，与老师、同学交流互动。

图 1-11

以 VR、AR 等技术为主构建而成的交互式教学模式，像是一种大型游戏，让学生既能体会到虚拟空间的真实感，也能体会到"寓教于乐"的娱乐效果。例如 AR 技术最常运用于儿童早教领域，由新技术打造的元宇宙虚拟空间与教育相结合，能够激发儿童的好奇心、想象力、创造力以及学习潜能。又例如，VR、AR 等技术更适合满足职业性、场景化的教育需求，比如通过虚拟教学场景直观而形象地展现驾驶操作等。随着元宇宙与教育的深度融合，未来的教育行业将出现更多由技术开发人员与创意设计人员打造的全新的教学环境。

元宇宙特别适合运用于沉浸式学习，它的一个重要作用是给学生创造了更身临其境的学习空间。以学习历史为例，元宇宙技术下的课件、教材可以不局限于书本、幻灯片，学生可以自己行走在古代街头，见证那时的社会风俗，甚至能够和杜甫吟诗作对。

元宇宙的另一重要作用是节约教育成本。在科研教育中，元宇宙技术可以模拟出昂贵的教学设备，在还原机械设备的同时，还能够辅助教师进行教学。应用到人体解剖、手术模拟、化工实验等领域，极大程度地降低了实验损耗，在高危险系数的实验中更能起到保护师生生命安全的作用。

1.2.4　协作

现在，我们已经能够通过 Zoom、腾讯会议、钉钉、飞书等工具进行互联网协作。但在未来，有更新的技术给互联网协作带来更强的沉浸感。

在 Facebook 举行的首次虚拟发布会上，该公司向外界展示了在 Horizon Workrooms 中用户如何设计自己的虚拟化身形象（见图 1-12），在虚拟的会议室里开会。看起来是不是有点平平无奇？就像是动画版本的腾讯会议或者钉钉会议，不过，当你带上 Oculus VR 眼镜后，可以看到虚拟人像会模仿你的动作和表情，包括开会讨论时的交头接耳等细节都能表现出来。

图 1-12

Horizon Workrooms 是扎克伯格实现元宇宙愿景的重要一步，其中包括功能齐全的虚拟桌面、化身聚集、屏幕共享、头部 / 手势追踪、空间音频处理等功能。人们可以利用实体键盘，在虚拟环境里的共享白板或文档上互动协作。Horizon Workrooms 支持头部追踪，当你转头看向同事或者白板时，视线也会跟着变化。它还支持无控制器手势追踪，比如你可以向同事竖大拇指，可以和其他参会者握手，其触感接近于现实世界。

《头号玩家》中这种需要佩戴繁重的穿戴设备才能进入的虚拟世界，算是最初级的元宇宙。随着技术的发展，穿戴设备已经越来越轻便，在 Facebook 最新推出的远程会议系统 Horizon Workrooms 中，虚拟设备已经可以较好地完成人的眼球跟踪和手势识别，为元宇宙的沉浸体验奠定了基础。扎克伯格之所以推出这个虚拟的会议系统，是想从办公场景切入元宇宙。毕竟，人们每天最多的时间都是消耗在办公室内的。

1.2.5 金融

元宇宙正吸引着银行的目光。中国证券报记者了解到，目前已有浙商银行、江苏银行、百信银行等商业银行布局元宇宙，其中百信银行已推出 NFT 数字文化藏品。

银行业对元宇宙已有积极探索，比如基于 AR/VR 技术进行贵金属销售、建设 VR 虚拟营业厅。以贵金属销售为例，中国银行深圳分行就运用了 3D 虚拟展示、感知交互等技术，将实时形成的虚拟贵金属通过移动终端与现实场景相结合，360° 地呈现于客户眼前。同时，还支持多维度查看产品细节、虚拟试戴试摆放、在线支付购买、分享朋友圈等全流程操作。

另外，从数字经济的角度来看，未来的银行有很大的想象空间，虚拟数字人作为元宇宙的核心交互载体，是未来银行与年轻用户进行品牌的心智对话，打造沉浸式服务体验的重要形式。现在年轻人越来越少进银行，未来可能根本不需要进银行，所以银行很尴尬，网点怎么办？银行成本中有两个很重要的成本，一个是人的成本，另一个是网点成本。所以未来银行通过虚拟人的方式提供服务，网点将大大减少。如图1-13所示，3D金融数字人小浦正式亮相，成为浦发银行首位数字员工。从银行的角度看，虚拟数字员工不仅可以24小时无休地实现与客户互动，为银行节约成本，为客户带来更好的服务体验，同时还对银行未来切入金融消费场景有着重要的意义。根据浦发银行统计数据显示，在智能客服和智能外呼场景下，机器人可每天接待8万通电话，提供客户账户管理等服务，同时就风险提示、业务通知等场景每天呼出50万通电话；在APP渠道，面向零售用户提供的理财小助手服务，能够提供数千款产品的知识问答，帮助客户自助挑选理财产品。

图1-13

在元宇宙概念风靡全球的同时，数字藏品也变得风生水起，同时吸引了来自银行体系的目光，并由百信银行抢先试水。公开资料显示，所谓"数字藏品"即NFT（Non-Fungible Token，非同质化代币）是一种架构在区块链技术上的不可复制、不可篡改、不可分割的加密数字权益证明，也可理解为结合区块链技术和元宇宙概念所形成的一种虚拟"商品"。2021年11月18日，百信银行发行了"4 in love"四周年纪念数字藏品，同步推出了"AI虚拟品牌官"的二次元形象，塑造了富有科技感和时尚感的虚拟IP（Intellectual Property，知识财产），该藏品也是银行业首个数字藏品。此次发行数字藏品是百信银行迎接元宇宙的一次尝试。

2021年12月30日，百信银行"AI虚拟品牌官"AIYA（艾雅）已正式上任，如图1-14所示。随着下一代互联网技术的不断发展，未来银行与客户的交互方式、产品服务方式乃至银行形态都可能发生重大变化。VR虚拟营业厅、AI虚拟数字人、基于区块链的NFT数字文化藏品是现阶段银行关注的三个方向。

图1-14

笔者认为对于银行业而言，元宇宙是重大机遇，与业务结合具有巨大的想象空间。越来越多的用户与银行接触不是通过实体网点，而是各类银行 APP，未来更可能是沉浸式的元宇宙应用，因此银行顺应产业数字化和元宇宙的方向去做场景金融的延伸，或能连接更广泛的客户群体，促使金融机构数字化转型进程加快。

1.2.6　地产

随着元宇宙参与到线下房地产行业，元宇宙的体验将更具有社交性和交互性。尽管人们想要完全通过 VR 购买房屋还需要一段时间（见图 1-15），但 VR 很可能成为人们预先筛选他们感兴趣房产的一种重要方式，以及帮助用户反复参观和检查有关房产的更多信息。

另外，你觉得，在虚拟世界里买一块土地或一栋房子需要多少钱？最近不断刷新的金额或许会颠覆你的想象。2021 年 12 月，元宇宙平台 Sandbox 上的一块虚拟土地以 500 万美元

图 1-15

（约合人民币 3200 万元）的价格售出，创下元宇宙房地产交易价格的新纪录，打破了一周前该平台上一块虚拟土地 430 万美元的成交价纪录。最新数据显示，2021 年四大元宇宙平台上的虚拟房地产销售额达到 5.01 亿美元（约合人民币 32 亿元）。

虚拟房产可以简单理解为虚拟世界中的数字建筑，主要用于展览、品牌展示、娱乐、商贸、举办会议等用途。虚拟房产本身并不具备稀缺性，因为虚拟土地可以持续扩展，因此存在无数的虚拟房产。Decentraland（由以太坊（Ethereum）区块链提供支持的去中心化虚拟现实平台）和 The Sandbox（元宇宙游戏平台），这两个平台上都可以买卖虚拟土地。以基于以太坊区块链的元宇宙平台 Decentraland 为例，投资者在购买虚拟地块后，可以在这块土地上构建和运营企业，如出售虚拟商品的商店等。购买了 Sandbox 平台上的土地，可以在土地上举办游戏或出租土地以赚取 SAND 币。

一年前，如果有人提出要在虚拟世界里花几百万买房，或许会被认为是疯了。但现在，不仅众多公司、明星，甚至连普华永道（Price Waterhouse Coopers，四大国际会计事务所之一）也加入其中。2021 年 12 月 23 日，普华永道香港宣布在 The Sandbox 中购买了一块土地。2021 年 11 月 23 日，歌手林俊杰在 Twitter 表示，他在 Decentraland 上持有三块虚拟土地，正式涉足元宇宙。在美国有粉丝为了成为其偶像歌手 Snoop dogg 在元宇宙世界中的邻居，斥资 45 万美元购买了 The Sandbox 中的土地。国外元宇宙平台的虚拟土地成交价格越来越高，目前主要是受元宇宙的热情带动，但虚拟土地就如同比特币（BTC）一样，稀缺性导致其变成了一种偏金融型的产品。只有在元宇宙概念趋于成熟时，虚拟土地等那些炙手可热的虚拟资产的价值才能得以体现。

1.2.7　工业

说到工业元宇宙，不得不提的一个概念就是"数字孪生"。在数字孪生中，一个是存在于现实世界的实体，它小到一个零件，大到一个工厂、城市，简单如一个螺丝，复杂如人体的结构；而另一个是虚拟的、数字化的，是利用数字化技术营造的与现实世界对称的数字化镜像。同时这个数字孪生体，不仅是对现实实体的虚拟再现，还可以模拟对象在现实环境中的行为，比如在医院，医生可以在虚拟世界中把患者病情重现出来，并以此模拟出最优的手术方案。最常见的例子，以导航软件为例，城市中的实体道路和软件中的虚拟道路就是数字孪生。简单来说，数字孪生就是把现实世界的东西在虚拟世界中重现出来。

数字孪生技术应用于工业制造领域，比如在汽车制造设计。首先，在虚拟空间进行设计，将平面化的设计图纸和模型以 3D 形式在虚拟空间呈现，通过数字孪生 3D 可视化方式，在虚拟空间进行设计、装配，然后在设计成功后将方法复制到现实世界中。如汽车推敲设计时需要制作油泥模型，再用油泥模型做流体力学的仿真，并根据试验结果进行修改，不仅成本高，还有可能拉长整个研发周期。在数字孪生系统的帮助下，在一定程度上可以降低这方面的风险并提高研发效率。

再比如将数字孪生技术应用在航空领域。我们知道飞机整天在天上飞，飞机上的各个零部件的运行状态和保养信息无法高效获得。通过充分利用物理模型、iOT 传感器数据、运行历史等信息，去构建一个真实飞机的虚拟映射模型，我们称之为数字孪生体。有了这个虚拟的数字孪生体，我们就可以高效地监控飞机的运行状态，确保飞行质量和安全。

正是因为数字孪生所要求的数字世界与物理世界的高度一致性，才使得物理世界中的产品设计与验证过程得到了极大的简化，同时也大幅降低了产品设计到完成过程中的试错成本，符合降本政策。

说到协作，NVIDIA 的 Omniverse 正在创建一个交互的互联网协作空间，让建筑师、工程师和设计师可以在一起共同设计空间，如图 1-16 所示。（Omniverse 是 NVIDIA 旗下基于 NVIDIA RTX 和皮克斯 Universal Scene Description 的实时 3D 设计协作和仿真平台。）

图 1-16

我们甚至可以将流体动力学的 AI 模型以及不断增长的现实世界的物理库整合到虚拟环境中。比如，在 Omniverse 中利用流体力学，如图 1-17 所示。

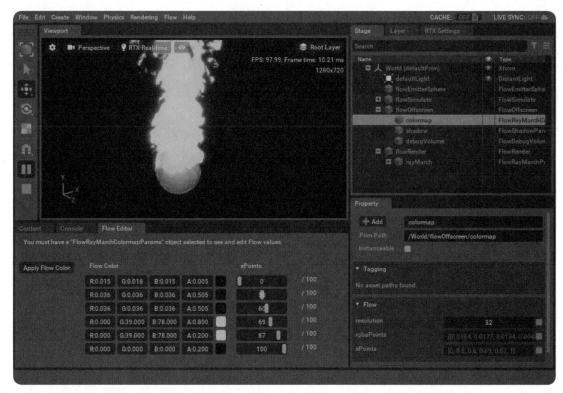

图 1-17

宝马公司在 Omniverse 平台上设计新的汽车。汽车的每一个零部件都事先在虚拟世界进行数字化，然后用一套算法 3D 建模、3D 仿真、3D 测试，在 Omniverse 中模拟好了，再拿到线下生产。往后的迭代，也都在 Omniverse 里做。这个过程涉及极其复杂的模型，因为它真实地对任何一个零部件的细节以及零部件之间的关系做到了百分百的还原。

这件事的巨大意义在哪里呢？这代表着制造业也开始应用数字化的方法生产了，也就是工业元宇宙。以前的制造业，都是瀑布式开发，手工开模，然后让工程师在真正的物理空间里测试，测试完了以后实际上还是不精确，一台车从概念到批量生产需要数年以上的时间，有了工业元宇宙，可能只要两个月就能完成。这是一个革命性的改变。由此看来，由数字孪生、虚拟现实（VR）和增强现实（AR）组成的工业元宇宙，将成为智能制造行业必备的一种新型基础设施，给企业生产在诸多方面带来实质性的便利。

1.2.8 旅游

"沉浸感"作为元宇宙的核心"卖点"之一，其在线下实践最深的领域之一无疑是文旅行业。并且元宇宙这个赛道目前被全世界科技巨头推崇，未来将带动大量硬件、软件、交互技术等更好的发展，元宇宙的发展对于文旅行业的发展将起到很好的推动作用。

元宇宙所构建的虚拟空间以及基本特征沉浸式体验与当下文旅产业发展的方向不谋而合。文旅产业向数字化转型是大势所趋，景区、博物馆等地也上马沉浸式演艺、沉浸式展览等项目，元宇宙所带来的沉浸式产品丰富了游客体验，增加了交互感，如图 1-18 所示。元宇宙可以看作是文旅产业数字化转型的进一步延伸。

图 1-18

　　试想，主题公园的主题场景与开放世界游戏的虚拟身份玩法有机结合，在实体空间以剧情体验推动线下沉浸，通过虚拟技术结合移动终端同步线上虚拟世界的搭建，并同步开放第三方内容接口，这种空间形态就很接近元宇宙愿景了。结合元宇宙概念，打造线上线下成为一个有机整体，这个虚实结合的乐园必将更加繁荣有趣。

　　元宇宙对于文旅行业是一种赋值，而不是取代，依托元宇宙，景区有很大的想象空间，并且对景区和游客都是一个双向获益的事情，例如在元宇宙中，景区可丰富产品内容，游客也可自己生产旅游产品提供给其他用户使用。以游戏皮肤为例，它就是一种虚拟经济产物，具备专属性、装饰性、稀有性，在国外还可以充当数字货币。景区可以根据这些特性打造一些具有经济效益的虚拟旅游产品，其中非物质文化遗产、景区具有的高知名度 IP 等都可以加以利用，并且元宇宙和景区天然匹配，例如目前大众所熟知的 NFT 数字藏品都是文旅行业产物，这也强调了一点，爆款的 NFT 产品的共性都是具有极强的 IP 属性。

　　实景沉浸式文旅项目的风靡也无疑体现出移动互联网时代人们的社交新需求。在主题场景下，通过剧情的关联促使消费者之间建立起更深的社交链接。全民戏精的背后是人们在真实世界中追求一种"超现实感"。在以故事线为设计指引搭建的主题园区内，认真扮演自己任务中塑造的角色，与其他玩家、NPC（Non-Player Character，非玩家角色）演着对手戏来获取线索，实景沉浸项目提供的是一个消解现实隔阂的深度社交场景。从 2022 年年初开始，国内旅游业先后在"盲盒经济"和"剧本杀经济"掀起市场消费热潮，各大旅游景区也在实景演绎领域开始沉浸式、行进式体验升级尝试。这些，都可以作为未来旅游业朝元宇宙领域落地实施的升级蓝本。

在旅游领域，迪士尼已率先开始进行概念布局，迪士尼对自己的元宇宙战略做出如下解读，即"用人工智能、虚拟现实、机器人物联网等技术，将虚实共生的园内外整体体验向更高层级的沉浸感和个性化推进"。身为"旅游剧场理论"的成功践行者，迪士尼在元宇宙的布局可作为旅游业的借鉴与参照。考虑如何通过人工智能、虚拟现实等技术，在声光电 2.0 版本的基础上，进一步增加游客的互动性、沉浸体验及个性化需求的满足。

1.2.9 电商

迄今为止，电子商务领域最大的成功是实现人与人之间的低接触社交和自主购买行为。在网上购物时，我们会发现商品可能仅限于静态图像浏览，而不提供与亲自体验所获得的信息相同的信息级别。元宇宙中沉浸式电子商务为消除消费者和在线商店之间的鸿沟提供了新的处理方法，如图 1-19 所示，它从根本上改变我们未来购物的方式，比如允许用户使用直观的运动控制和 VR 头戴式头显在虚拟人体模型移动时看到穿着 T 恤时的样子。

图 1-19

我们看好 AR 在购物和广告方面的应用前景。①用户通过用摄像头扫描产品的 AR 标识来预览产品的 3D 模型等，让消费者花更多时间去了解产品的细节，还能根据自身需要定制个性化产品；② AR 的可视化预览功能有助于提高用户满意度，用户在购买之前便可对产品颜色、纹理、样式等细节有足够了解，还能试穿鞋、试穿衣服、试摆放家具等。

古驰（CUCCI）在 Roblox 上举办了一个名为"古驰花园"的虚拟展览。这个时尚奢侈品牌提供了一系列主题房间，如图 1-20 所示，当玩家进入展览空间时，他将从自己的虚拟化身转变为模特。当玩家四处浏览时，人体模型的外观会根据体验而变化，与各种物品互动，试穿可供购买的数码服装和配饰。

图 1-20

1.2.10　健身

当笔者看到同事把 VR 头戴式设备带到办公室里，并在午休时间旁若无人地在休息区打起了虚拟乒乓球的时候，大受震撼。双人实时在线时，设备会根据手柄的角度与速度变化将击球这件事情精准地模拟在一个虚拟球台上，那种沉浸式的丝滑感受真的很酷。VR乒乓球、VR 网球等竞技类的实时互动游戏，在场景上的确符合元宇宙的模样。

笔者经常在家使用 VR 中的健身 APP，如图 1-21 所示，并且每周两次通过线上视频与自己的私人教练进行交流。可能再也不用去健身房了，VR 将健身带入了元宇宙，并使其更具互动性和社交性。

图 1-21

1.2.11 直播

直播目前是一对多的社会化体验，随着元宇宙内的直播变得立体化，直播将变得比现在更具有沉浸感和社交性。

比如你只需在绿色幕布背景下进行直播，系统就可以把你的形象实时合成到任何背景环境中，并且直播出去。不管是宇宙星空还是地球深海，你可以在任何环境中进行直播。你的观众可以在地球的任何角落看到你的直播，并且跟你沟通互动。如果你不想以自己的形象出现，还可以用 AI 虚拟形象进行直播。

想象一下现在的企业可以在元宇宙里售卖静态的数字产品，未来有可能展示动态的商品，元宇宙与直播带货结合在一起，可能形成了一种新的带货趋势，扩展了直播的内容。通过虚拟现实交互技术，仅需一台电脑、一部相机、一块绿布就能通过直播实现实时虚拟直播效果，观众仅需要一部联网的电子设备即可体验到真实的交互体验。

在元宇宙直播带货中，观众可以自由选择任意角度观看，操控视频的视角来查看售卖产品的相关细节，让观众从旁观者逐渐转变为参与者，打破了传统平面视觉的限制。三维视觉效果不仅拉近了观众和直播的距离，还引发了观众对陌生事物的好奇。

在元宇宙营造的直播带货中，主要结合了 5G、AI、VR 和无延迟直播技术，将真实产品和 3D 场景模板进行搭配，辅以 AI 引擎进行渲染，打造类似科幻电影般的效果，为直播观众带来强烈的视觉冲击力。

1.3 我们距离元宇宙时代还有多远

元宇宙是继 PC 时代、移动时代之后的全息平台时代，需要以坚实的技术做基础。从技术视角来看，元宇宙技术基础可以用 BIGANT（大蚂蚁）来概括，如图 1-22 所示，B 指区块链（Blockchain）技术，I 指交互（Interactivity）技术，G 指游戏（Game）技术，A 指人工智能（AI）技术，N 指网络及运算（Network）技术，T 指物联网（Internet of Things）技术。"大蚂蚁"可以说是集数字技术之大成者。

◎ 区块链技术：分布式账本、智能合约、分布式存储、共识机制、数据传播及验证机制、哈希算法及时间戳技术。

◎ 交互技术：VR、AR、全息影像、脑机交互技术、传感技术。

◎ 电子游戏技术：游戏引擎、3D 建模、实时渲染。

◎ 人工智能技术：计算机视觉、机器学习、自然语言处理、智能语音。

◎ 网络及运算技术：5G/6G 网络、云计算、边缘计算。

◎ 物联网技术：应用层、网络层、感知层。

图 1-22

也有人将构筑元宇宙的技术赛道归纳为"BAND"，即区块链（Blockchain）、游戏（Game）、网络算力（Network）和展示方式（Display），把价值交互、内容承载、数据网络传输及沉浸式展示融合在一起以构建元宇宙。

（1）区块链技术提供了去中心化的清结算平台和价值传递机制，能够保障元宇宙的价值归属与流转，从而保障经济系统的稳定、高效，保障规则的透明和确定性执行。去中心化的虚拟资产能够跨平台、脱离内容本身进行流通，资产变得更加"真实"。

为了让元宇宙经济蓬勃发展，首先必须形成被广泛认可的虚拟商品发行和流通的共享标准和协议，区块链中有一个要素 NFT，其实现了虚拟物品的资产化，能够成为这样的标准协议。NFT 是一种非同质化资产，不可分割且独一无二。如图 1-23 所示，NFT 实现了一个去中心化的、通用的数字所有权的证明体系，有望实现元宇宙体系内的服务、劳动、创作、道具的资产化，并实现元宇宙内部的数字资产流通交易。内容创作者所生产的数字作品、虚拟地块、游戏皮肤、装备等都将成为数字资产并进行流通交易，同时 NFT 的通用性允许该数字资产在元宇宙中的其他平台同样生效。

预计未来元宇宙还需要基于 NFT 模式形成一套将数字信息资产化的机制，并形成能够流通交易的经济系统。我们认为只有形成了完整的标准协议和经济系统，元宇宙才能够真正意义上的聚沙成塔。

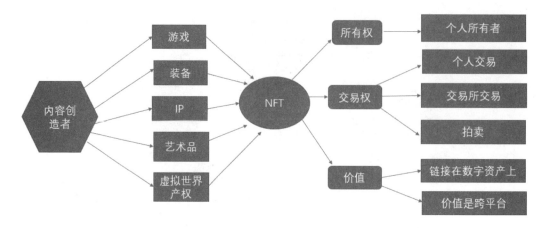

图 1-23

（2）电子游戏为元宇宙提供交互内容，是元宇宙内容发展与用户流量的关键赛道。用户创作成为元宇宙游戏发展的趋势，用户创作能够为元宇宙提供丰富的内容，玩家并非像传统游戏一样成为游戏主策、主程手中的提线木偶，这也改变着人们对虚拟资产的观念。

（3）元宇宙的海量实时信息交互和沉浸式体验的实现，需要通信技术和网络计算能力的持续提升作为基础，从而实现用户对于低延时感和高拟真度的体验。通信能力上 5G 建设持续快速推进，根据工信部等十部门印发的《5G 应用"扬帆"行动计划（2021－2023 年）》，预计 2023 年 5G 个人用户普及率目标超过 40%，用户数超过 5.6 亿人，5G 网络接入流量占比超 50%。随着 5G 渗透率的不断提升，网络传输速率和质量有望得到进一步提升。算力方面，硬件计算能力和云计算及边缘计算能力的发展能够进一步升级元宇宙和云游戏的显示效果，使得更加拟真的场景和物品建模成为可能，并且增强渲染能力降低元宇宙的延迟感。

云计算是近年来发展速度最快的科技领域之一，伴随通信速率和云算力的持续升级，云游戏将作为 5G 时代的杀手级应用率先大范围落地。云游戏技术将游戏的内核和渲染运算过程都移至云端完成，并将输出结果以视频流的形式返回给用户终端，使得用户通过移动设备便可以体验 3A 级震撼游戏大作，淡化了对于终端设备性能和配置的要求壁垒，提高了元宇宙未来进行大范围渗透的可行性。

（4）显示技术提供交互方式，超高清及 AR/VR 设备也实现了持续迭代升级，用户已经可以获得较好的沉浸式体验。当前的 PC 手机设备是无法达到完美还原真实世界的感官体验的，为了达到元宇宙所需要的沉浸、拟真体验，在交互方式上，需要能够实现 3D 显示、超高分辨率、大视场角的 VR/AR 设备以及在此基础上升级直观体感交互，甚至进一步通过脑机接口（Brain Computer Interface，BCI）实现更加深度沉浸的交互方式。VR/AR 设备的视觉舒适度是长久以来的痛点，电子和光学元件的升级有望进一步提升视觉舒适度。目前的技术已无须架设额外的定位点设备，仅依靠 VR 头盔的摄像头让设备自己检测外部环境变化，经过视觉算法计算出摄像头的空间位置即可估算出运动轨迹。

在 BAND 中，区块链的高速迭代，沙盒游戏逐渐成为主流，通信与云计算等底层的完善，以及 VR 等技术的趋于成熟，为迈向元宇宙时代提供了可能。元宇宙需要通信与云计算作为支持，需要游戏为其提供内容，并以 VR 进行呈现，借助区块链构建的经济体系实现价值的传递，四者紧密地交叉融合共同构建了元宇宙。

1.4　元宇宙时代会来吗

人类数千年来一直在发展感知世界的方式，关于宇宙、世界、精神的思考从来没有停止过。我们一直在利用音乐、艺术和文学来侵入感官，表达我们丰富的精神世界，以建立虚拟现实。

古人对"宇宙"一词的定义可谓精妙至极。南宋哲学家陆九渊进而提出："宇宙便是吾心，吾心即是宇宙。"明朝哲学家王阳明是"心学"之集大成者，指出："夫万事万物之理，不外于吾心。"王阳明的"心学"是以"心"为宇宙人生的本体，"心外无物，心外无理，心外无事"。每个人认识的世界就是心灵体验的一切，"心有多大，世界就有多大"，心感知的范围就是我们存在的世界。关注内心，构建丰富虚拟世界，佛说："一花一世界，一叶一如来。"这不正是"元宇宙"吗？

即使现今有一部分人并不怎么认可元宇宙，甚至有人认为元宇宙其实是个噱头，但是现在已经不是会不会来的问题，而是元宇宙时代什么时候到来、以什么形式到来的问题。

互联网和游戏就是元宇宙的前身，而下一代全真互联网，以 VR、AR 等为代表的技术将给人带来极佳的沉浸式体验和更广阔的使用场景，更加引人入胜。信息化迈向数字化将是大势所趋。游戏作为元宇宙的雏形，不但已经一马当先地进入了元宇宙，并且在这个过程中，还带动了通信技术、云计算、3D 建模、VR 设备、数字货币等技术的发展。当这些技术进一步得到应用并且使用成本进一步降低的时候，各行各业都会以此作为借鉴，并依次进入元宇宙。

只要看看现在的人花了多少时间在手机 App 和游戏里，就知道下一代升级版——元宇宙会不会实现了。戒网，我们能吗？事实上，我们每一个人，正有意识地或者无意识地，甚至义无反顾地一步步迈向元宇宙。

历史总是惊人的相似，科学和技术变革总是不经意间到来。元宇宙正加速演化为可以映射现实世界、又独立于现实世界的虚拟空间，现实中的人可以使用数字身份在元宇宙中娱乐、社交、学习和工作等，打破了生活和游戏的边界。元宇宙在游戏、社交、教育、内容、消费等领域有着广泛的应用前景，将为相关行业带来商业模式的升级。元宇宙打开的不仅仅是一个新的产业，也有可能是一种新的生活方式，甚至可能带来对人类发展现状的反思和重塑。在未来的世界里，随着物质文明越来越丰富，我们也相信最终的世界会向更发达的精神世界拓展。元宇宙是精神世界的逍遥自在与物理世界的星空璀璨的奇妙融合。

　　当然，元宇宙要真的实现，还需要各项技术、设备的提升，开创元宇宙时代还有很长的一段路要走，这是一个渐进式的过程。不过可以想象，元宇宙的确会是未来发展的方向。客观来看，技术局限性是元宇宙目前发展的最大瓶颈，VR、区块链、人工智能等相应底层技术仍有待进步。元宇宙的短期过度炒作和长期可持续发展存在矛盾，元宇宙落地还将面临监管、法律风险、用户的隐私保护等现实层面的问题。

　　道阻且长，行则将至。人类从不畏惧对未知领域和空间的开拓。水击三千里，抟扶摇而上者九万里。无论怎样，借助一句流行语："未来已来，只是尚未流行！"

第 2 章
区块链：元宇宙的核心支撑

如果说蒸汽机释放了人类的生产力，电力解决了人类基本的生活需求，互联网改变了信息传递的方式，那么区块链作为构造信任的机制，将可能改变整个人类社会价值传递的方式。既然元宇宙要打造一个虚拟的世界，所有人都要参与其中的话，那么首先得解决一个问题，就是所有的人要信任这个世界。区块链就能解决这个根本性的问题，区块链是去中心化的分布式记账系统，系统中的节点无须互相信任，其交易通过密码学算法连接在一起，使得整个账本公开透明、不可篡改、可追溯。区块链在元宇宙的经济体系中扮演着重要的角色，如果不支持区块链，元宇宙世界中使用的资源或商品的价值就很难得到认可，也很难产生与实体经济相当的经济互动。

2.1 揭开区块链的神秘面纱

区块链的概念最早于 2008 年在比特币创始人——中本聪的论文《比特币：一种点对点的电子现金系统》（Bitcoin: A Peer-to-Peer Electronic Cash System）中首次提出。区块链可以理解为一种公共记账的技术方案，其基本思想可以这样理解：通过建立一个互联网上的公共账本，由网络中所有参与的用户共同在账本上记账与核账，每个人（计算机）都有一个一样的账本，所有的数据都是公开透明的，并不需要一个中心服务器作为信任中介。

2.1.1 去除中介，建立信任的区块链

就像人们很容易忽略看不见却片刻不可或缺的氧气一样，人们也经常忽略市场经济中一样至关重要的东西，那就是"信任"。

假如没有信任，那么任何交易都不可能成立。你到菜市场买菜，如果怀疑蔬菜中农药含量过高，你就不会跟那个菜贩子交易；你到小店买矿泉水，假如店员质疑你给的是假钞，就不会把矿泉水卖给你。

传统经济是熟人经济，交易规模仅限于村镇范围内比较熟悉的人之间，除了交通因素外，"信任"也是很大的因素。一旦超出熟人范围，信任成本急剧增大，将阻碍交易的发生，

限制交易范围的扩大。此外，不同种族、民族、文化、宗教信仰，等等，都会形成信任的鸿沟。

陌生人之间由于缺乏相互了解，缺乏必要的信任，交易难于发生。市场经济却是大量发生在陌生人之间。市场经济之所以发生、发展，在于诞生了新的机制，解决了陌生人之间的信任问题。

到目前为止，解决信任问题的最重要的机制就是"信任中介"机构和模式。你和陌生人都信任的第三者是信任中介，政府是信任中介，银行是信任中介。你把辛苦生产出来的商品卖给一个陌生人，收到几张花花绿绿的纸钞，如果没有发钞银行的信用、政府权威的保证，你是不会接受纸钞的。

到了如今全球村时代、互联网时代，你把商品卖给甚至永远不会见面、千里之外的陌生人，没有信任中介的保证，交易更是不可能发生。支付宝承担起信任中介的作用，所以淘宝等电商在短短十几年间快速繁荣起来。

信任中介在整个庞大的交易体系中扮演着一种中心化的重要角色。这是一种中心化的机制或模式，已经存续了几千年，帮助人际间降低信任成本，从而促进交易的发生、交易频率的增加、交易范围的扩大。

然而，信任中介本身也是需要成本的，而且常常还很巨大。当然交易成本中不全是信任成本，但信任成本占了很大一块。

如果有什么办法能取消或者大幅降低这种信任成本，那么普通大众的交易费用可减少，可享受的福利大幅增加。在互联网时代，区块链技术上场了。

区块链本质上是一种解决信任问题、降低信任成本的信息技术方案。区块链技术的应用，可以取代传统的信任中介，颠覆传统上存在了几千年的中心化模式，在不需要中心化信任中介的情况下，解决陌生人间的信任问题，大幅降低信任成本。

这也是几乎所有关于区块链的介绍文章中都会提到的"去中心化、去信任"的意思。这里实际上理解成"去除信任中介"，就会容易明白得多。

区块链技术所改变的不是去除信任，而是将传统交易中对中心化的信任、中介的信任，变成对区块链系统本身、对于记录在区块链上的数据的信任。区块链通过技术手段，解决了信任问题，不需要第三方，就可以通过数据块的模式互相验证，达到无法篡改、无法作恶的目的。因为系统会自动比较，会认为相同数量最多的账本是真的账本，少部分和别人数量不一样的账本是虚假的账本。在这种情况下，任何人篡改自己的账本是没有意义的，除非你能够篡改整个系统里面的大部分节点。对于一个由成千上万个、分布在全球各个角落的客户端组成的区块链系统，除非某个人能控制世界上大多数的电脑，否则不太可能篡改这样大型的区块链。

在区块链上记录的每一笔交易，都保持真实可靠，同时公开透明，能够被其他人查看（但交易者个人或机构可以是匿名的），所以不需要了解和信任陌生交易对手，只需要看到区块链上交易对手的货币、资产等本身是可信的，就可以放心地交易。这里不需要任何信任中介，也就是所谓的"去信任"的真正含义。

假如未来普遍使用区块链技术，今后你不用再去银行证明你的收入和资产，不用去派出所证明你是否已婚，不用让单位人事证明你的雇佣关系，不用再去盖各种各样的红色公章，不用再去跟各式各样的人打交道……所有这些都记录在不可篡改的区块链上，在你需要和授权的时候，全世界都能成为你的证人。

2.1.2 区块链的定义

我们用一个故事来阐述区块链的定义。假如你现在在上大学，寝室是标准的四人寝，除了你之外还有小李、小张和小赵三个室友。平时你们内部的活动很多，于是经常会有人垫付饭钱、车费，还有水电费。大家发现，如果每次消费后，都要一一计算结账非常麻烦，于是你们决定采用记账的方案。于是乎，你们买了一个公共的账本，本次产生消费后，就由付钱的人在账本上记清楚，谁应付给自己多少金额。如此一来，只要每月月末统一结算即可，大大节省了时间精力。时间一长，你们发现在纸上记账还是麻烦，于是改成在电脑种建立一个 Excel 表格。

问题是，如果你们寝室里有个人不厚道，偷偷修改账本怎么办呢？例如小李把自己要付的钱记在了小赵头上。如果这个问题不能解决，那这个账本的信用将会大打折扣。

区块链采用的解决方案就是，给四个人每人都配备一个账本。需要记录时，就由对应的操作人高喊交易内容，广播给寝室里的所有人。

例如，小李高喊，"小李需要支付给小赵 30 元"，然后寝室里其他人听到了，就在各自的账本上记下，"小李需要支付给小赵 30 元"。如此一来，就算小李故意使坏，把自己要付的钱记在别人身上，那也只能是篡改自己的账本。这样到月底时，小李的账本和其余三个人的对应不上，便能知道小李的账本有问题。

但这个系统仍然存在一个问题，那就是如果小李恶作剧，不负责任地乱喊"小赵需要支付给小李 100 元"。如此一来，很可能会有不明真相的舍友记录下来。因此，分布式的账本还有一个急需解决的问题，如何确认收到的这笔交易记录是否有效？

这个问题在纸质账本里很好解决，那就是在每一条记录后由需付款的一方加上自己的手写签名，以示自己认可这笔记录。这个思路换到计算机中就是数字签名，所以我们要求每一笔记录后面都要由需付款的一方加上自己的数字签名。数字签名就是只有信息的发送者才能产生的别人无法伪造的一段数字串，这段数字串同时也是对信息的发送者发送信息真实性的一个有效证明。它是一种类似写在纸上的普通的物理签名，但是使用了加密领域的技术来实现。

从字面上看：区块链是由一个个记录着各种信息的小区块链接起来组成的一个链条，类似于我们将一块块砖头叠起来，而且叠起来后是没办法拆掉的，每个砖头上面还写着各种信息，包括谁叠的，什么时候叠的，砖头用了什么材质，等等，这些信息没办法修改。

从计算机上看：区块链是一种比较特殊的分布式数据库。分布式数据库就是将数据信息单独放在每台计算机中，且存储的信息是一致的，如果有一两台计算机坏掉了，信息也不会丢失，我们还可以在其他计算机上查看到。

总的来说，区块链就是一种去中心化的分布式账本数据库，按照时间顺序将数据区块以顺序相连的方式组合成的一种链式数据结构，以密码学保证数据不可篡改和不可伪造的分布式账本。

2.1.3　区块链和比特币

比特币（Bitcoin，代号BTC）是世界上第一大虚拟货币，区块链是比特币的底层技术。对于这个世界来说，比特币是一个基于密码学的数字货币，而区块链是一种价值传递的协议，这两者是有本质区别的，因为一个是数字货币，一个是价值传递的协议。

为了更方便理解比特币和区块链，先给大家举一个例子，西太平洋地区有一个小岛，这个岛上的居民用石头当货币，这些石头并不是什么宝石，就是普普通通的岩石。有的时候石头太重了，根本搬不动，岛上的人在交易的时候，就会把全村人都喊到石头现场来，指着石头说这块石头现在开始归谁了。这个办法之所以行得通，主要得益于两点：一是这个岛上的人口很少，总共只有六千人；二是这个岛上的石头总量有限，谁也人工造不出来。

现在我们就用这个岛上的石头和比特币来做一下对比，看看有什么共同之处。首先，比特币的总量也是有限的，总共只有2100万枚，这是比特币创始人中本聪设计出来的，他建立了一个数学方程式，简单地说就是一道数学题，只不过这道题的特殊之处在于它不止一个正确答案。

为了更好理解，我们假设它有2100万个正确答案，只要有人算出一个正确答案，电脑系统就会自动奖励给这个人一枚比特币，即使所有的正确答案都被计算出来，市面上也只有2100万枚比特币，比特币的总量就是这样被保证的。这种用电脑去计算正确答案的过程，就是我们常说的"挖矿"。这和西太平洋小岛上的石头是一样的，总量就那么多，人工制造不出来。充当货币的第一个特征就是要总量有限，这样才能保值。

再来说一下区块链，当我们计算出来了一个比特币的正确答案，系统奖励给我们的这枚比特币，其实就是一串基于密码学运算出来的复杂代码，一枚比特币就是唯一的一串代码。有人会说，既然是电脑代码那就可以复制，这个问题怎么解决呢？这就用到了区块链技术，区块链技术的内部算法异常复杂，现在我们只需要搞清楚它的工作原理。系统今天把这串代码转移到了你的账户上，对于这个事件，系统会告诉这个区块链上所有的账户，就是说每一个账户里面都有记录这个事件。或者说，每一枚比特币目前在哪个账户里面，哪一天又转移到另一个账户里面去了，所有玩家的账户里都有记录，如果你从A代码那里复制一串代码出来，把它支付到老李的账户里面去，那么所有的账户都知道你那一串代码是复制出来的，因为他们都知道这个A代码现在正待在老张的账户里面，根本就没动。再比如说岛上居民老李今天卖了一头牛给老张，然后老张就带着全村人儿到石头那儿去，指着石头就说："这块石头以前有一半儿是属于我的，那么现在我就把这一半儿转移给老李。"这样交易就完成了，从此以后老张就再也不能用这块石头去买别人家的东西，因为全村人都知道，上次他已经把这半块石头转移给老李了，这就是最原始的人肉区块链。

于是有这么一位天才大神"中本聪"（网名），他和一群志同道合的网友，通过论坛、电子邮件的形式互相探讨，最终把比特币发明出来了。其实在这之前，也有类似的发明，但是因为并不完善，而中本聪解决了技术、模型等诸多问题，使比特币最终成为加密货币的最新成果。

2009 年 1 月 3 日，中本聪发布了开源的第一版比特币客户端，并通过"挖矿"得到了50 枚比特币，由此产生的第一批比特币区块被称为"创世区块"。比特币的发明就是基于区块链技术，区块链就是比特币的底层，比特币作为货币是区块链的应用之一。

比特币发明之后，很多人参考比特币中的区块链实现，使用类似的技术实现各种应用，这类技术统称为区块链技术。用区块链技术实现的各种链即为区块链。事实上，区块链相关技术在此之前已经使用，中本聪提出的比特币概念的创新之处在于：从经济运行角度构建了一套能够完美融合这些技术的体系，实现了技术与经济的完美融合。

2.1.4　区块链和以太坊

我们先看看以太坊是什么？

以太坊是一个建立在区块链技术之上的去中心化的应用平台，它允许任何人在平台中建立和使用通过区块链技术运行的去中心化应用。可能这里大家有些糊涂，不妨这样理解：以太坊就是区块链里的安卓（Android），它就是一个开发平台，让我们可以很方便地基于区块链技术编写应用程序，比如大家熟悉的发币，就是通过以太坊这个主链，根据以太坊的平台来编译其他数字货币程序。

在没有以太坊之前，写区块链应用是这样的：复制一份比特币代码，然后去改底层代码，如加密算法、共识机制、网络协议等（很多山寨币就是这样，改改代码就出来一个新币）。而以太坊平台对底层区块链技术进行了封装，让区块链应用开发者可以直接基于以太坊平台进行开发，开发者只需专注于应用本身的开发，从而大大降低了难度。目前围绕以太坊已经形成了一个较为完善的开发生态圈，有社区的支持，有很多开发框架、工具可以选择。

那什么是智能合约呢？以太坊上的程序称之为智能合约，智能合约可以理解为在区块链上可以自动执行的（由事件驱动的）、以代码形式编写的合同（特殊的交易）。智能合约非常适合对信任、安全和持久性要求较高的应用场景。

在比特币脚本中，比特币的交易是可以编程的，但是比特币脚本有很多的限制，能够编写的程序也有限，而以太坊则更加完备，让我们就像使用任何高级语言一样来编写几乎可以做任何事情的程序。以太坊的本质是一个编程可视化而且操作简单的区块链，允许任何人编写智能合约和发行代币。和比特币一样，以太坊也是去中心化的，全网共同记录以太坊的所有情况，而且公开透明、不可篡改。

那你还是想问，以太坊和比特币的不同之处在哪？通俗地讲，你可以把以太坊理解成能够编程的区块链，它提供了一套完备的脚本语言，后续的开发人员可以直接在这个基础上进行编程，由此降低了区块链应用的开发难度。这样的逻辑就好像在手机安卓系统上准备好了应用接口，用户直接开发 App 就可以。从以太坊诞生之初到现在，以太坊上已经诞生了几百个应用。

2.1.5 关于"挖矿"的原理

"挖矿"就是利用专业计算机，对数字账本进行记账的行为。作为矿机贡献算力的回报，区块链网络会根据矿机提供的运算能力的大小发放相应的数字货币作为奖励，这个过程就被称为挖矿。简单来说就像在算一道数学题，谁能算得又快又好，并且算对了，就会获得比特币的奖励，而获得比特币奖励的人就被称为"矿工"。比特币发展到现在，已经不是以小博大的时候了。要知道，投资建设一个专业"矿场"投入金额往往需要数百万、上千万。而比特币越到后期越难挖，也就是说挖矿机构的投资回报比会随着时间流逝变得越来越低，甚至不少挖矿机构可能会出现无法收回成本的情况。

具体来阐述原理，就需要从比特币区块链系统采用的 PoW（Proof of Work，工作量证明）共识机制说起了。这里讲一个故事来阐述 PoW 共识机制。有一个村子，这个村子里很多事情都需要大家一起决策。比如某天，村长需要全体村民一起决策今天中午村里的大食堂是包饺子还是擀面条。通常，我们能想到的方法就是投票——每个村民一票，少数服从多数。但是有些村民并不想在食堂吃饭，所以他可能会把票送给别人，这样就有可能会导致不公平，在食堂吃饭的大多数人可能没有实现他们的愿望。

于是村长换了一种办法，他在 10 点 50 分的时候，用大喇叭给全体村民广播：大家来选择食堂中午是做饺子还是做面条，想来食堂吃饭的人，就去食堂门口推那个巨大的石头，到了 11 点整，石头被推到了大门东边，中午就吃饺子；石头被推到了大门西边，中午就吃面条。

于是想去食堂吃饭的人就跑去推石头了，出力多的人群最终实现了自己的愿望，出力少的人群也心甘情愿，因为村里一直都是这样的规矩。

这个故事讲了一种实现人群共识的方式，我们可以叫它"工作量证明机制"。利用出力的多少，来证明自己的选择意愿。

区块链系统能够让所有人的账本保持一致。这种让所有节点数据保持一致的机制，我们称之为共识机制。采用不同的共识算法，能够实现不同性能的共识效果，其最终目的都是保持数据的一致性。

在比特币系统中，记录交易是系统工作的基础方式。在比特币区块链系统中，区块是记录交易的最基本容器。在比特币中目前区块大小限制为 1MB。由于区块的大小有限制，因此每个区块所能容纳的交易数量也是有一定限制的。目前比特币系统规定平均每 10 分钟产生一个区块，因此，矿工工作的方式实质上就是在 10 分钟内收集网上产生的所有交易，然后将交易填到一个区块里。每一个矿工都把自己收集到的交易和自己该获得的收入填好了，那么，到底谁的记录才会被大家认可呢？比特币就采用工作量证明机制，让矿工间互相竞争求解一个数学题，谁先解出来了，谁的区块就会被所有人认可。就好像每个矿工都在努力地推那个巨石，一旦石头把自己记录的那一页账目压住了，他就大喊一声，"我的工作量证明成功了，你们快来看！"全体矿工就都过来把那一页账目抄写一份，贴在自己账本的最后面，然后又开始新的记账过程。周而复始，生生不息，账本一页一页地增加，越来越厚。

中本聪决定采用工作量证明机制的时候，出发点是避免系统受到攻击。中本聪认为，如果一个攻击者想用搞乱账本的方式来进行攻击，那么他就需要足够的计算能力，也就是说，他要比大多数推石头的人的力量更大。

这就如同有 10 个人共同见证了两个人的交易，并一起确认这笔交易的合法性，同时每个人都维护了一份账本，这笔交易会记录到每个人各自维护的同一套账本上，如果有人要违约或篡改交易数据，他需要同时改掉至少 6 个人的账本（少数服从多数）。否则如果只改自己的那一份账本，别人很容易就看出他的作弊行为。这样，他就需要付出巨大的成本，但是换回的收益并不足以抵消成本，因此攻击者是没有攻击比特币系统的经济学动力的。

总结一下，挖矿就是比特币世界里的矿工确认每一笔交易是否合法，并将合法的交易写入到统一的公共账簿上，同时会获得一定的新比特币和交易费的奖励的过程。奖励是为了鼓励更多的矿工加入进来，确保不会出现某一个节点独断专权的情况，至于奖励给哪一个矿工，这就要看谁的工作量更多了。

那么如何证明谁的工作量最多呢？其实也很简单，在比特币的世界里，就是大家共同去解同一道数学题，这道数学题需要一定的计算量才能做出来，而率先得到答案的矿工就是最终的胜出者，分享最终的奖励。

一旦一个矿工成功挖矿，其他矿工很快就能验证是否成功，一旦验证通过就会将区块放入自己维护的区块链中，并赶紧投入到下一次的挖矿，不带有一丝一毫的犹豫。如此激烈的竞争伴随的结果就是每个矿工都不断提升自己的计算机性能，结果就是大家的挖矿设备都不断升级，以至于现在的矿场都是紧挨发电厂，并开始使用专用芯片挖矿。专用芯片在计算比特币问题的能力上是普通 CPU（中央处理器）的数万倍。

这里其实还有一个问题，就是如果有两个矿工 A 和 B 同时计算出结果怎么办？这个时候就会出现分叉，也就是说区块链的末端区块存在分歧了，其实这只会临时出现，并不会长久存在。原因是一旦其他矿工确认了本次矿工 A 挖矿成功，就会投入到下一次挖矿，如果其他矿工又挖矿成功了，这条区块链路（矿工 A）就会比另一条区块链路（矿工 B）多出一个区块，区块链中的原则就是只认最长的链路，所以挖矿成功的矿工 B 很快就会舍弃之前的区块，以最长的区块链为准。

看到这里你就会明白，为什么会说挖矿浪费了很多算力和电力，因为胜出者只有一个，其他的矿工就相当于白忙活了，但是他们的计算机已经投入计算了，这笔算力和与之相对应的电力也就此浪费了。

2.1.6 一地鸡毛 ICO

ICO（Initial Coin Offering，首次币发行），源自股票市场的首次公开发行（Initial Public Offering，IPO）概念，是区块链项目首次发行代币，募集比特币、以太坊等通用数字货币的行为。可以理解为，其他人或者其他机构为了某种目的创建一个新的区块链网络，在这个网络上流通使用新的货币。为了进行区块链网络建设，需要募集资金，募集使用的方法就是用将会在这个区块链网络上流通使用的代币按照一定的比例兑换比特币或者以太币。

以太坊的出现降低了 ICO 的门槛。以太坊推出了 ERC 20 token 标准（token，通常译为代币，或是一种权益证明）。这就让以太坊变得像是一个允许大家开发各种程序的开源安卓系统一样，以太坊也允许想做项目、需要钱的人去开发基于以太坊的 token。token 如果符合标准就可以公开发售，为项目筹集资金，而且这个发售的过程不需要第三方监督，可以自动完成。

投资人用真金白银买比特币和以太币，把币打到项目方公布的智能合约地址上，智能合约会自动把项目方发售的 token 发给投资人，这笔交易就算完成。token 一路飙涨，这就让发 ICO 的人账面收益变得非常可观，毕竟他们持有 token 的成本几乎为零，很多项目还没开始做呢，只是写了一个白皮书，给大家讲了一个商业模式的故事而已。另外，在比较早的时候认购 token 的人，低买高卖，也赚到了差价，收割了一笔财富。一个接一个的暴富神话，让加密虚拟货币这种原本是圈内非常小众的东西，突然以一个致富捷径的形象曝光在了几十亿人面前。就像过去无数个被吹起的商品泡沫一样，它激发、利用了人性的贪婪与欲望，而贪婪与欲望也一步步地助长着它的气焰，最终走向疯狂。

2013 年 12 月 5 日中国人民银行等五部委发布《关于防范比特币风险的通知》，强调"比特币不是由货币当局发行，不具有法偿性与强制性等货币属性，并不是真正意义的货币。从性质上看，比特币是一种特定的虚拟商品，不具有与货币等同的法律地位，不能且不应作为货币在市场上流通使用。"

2021 年 5 月，中国互联网金融协会、中国银行业协会和中国支付清算协会联合发布公告，要求会员机构不得开展虚拟货币交易兑换及其他相关金融业务。当月，国务院金融稳定发展委员会也明确要求打击比特币挖矿和交易行为。

2021 年 9 月 24 日，央行在其官网公布了《关于进一步防范和处置虚拟货币交易炒作风险的通知》，进一步明确了虚拟货币及其相关活动的属性，明确了应对虚拟货币交易炒作风险的工作机制，并提出加强对虚拟货币交易炒作风险的监测。

当前，虚拟货币市场鱼龙混杂，虽然有比特币、以太币等成熟案例，但其中也充斥了以"区块链 + 虚拟货币"的名义进行的非法集资、传销等违法活动。而反观市场，越来越多的对区块链所知甚少、风险承受能力较低的普通民众参与了进来。因此，为了保证金融市场的稳定，我国对虚拟货币的投资一直是明确的、一贯的，即对其加以诸多限定，不纵容投资者过度的"热情"，坚决打击交易炒作行为。

2.2　区块链的技术原理

2.2.1　区块链的技术架构

从形式上看，区块链是一种按照时间顺序将数据区块以顺序相连的方式组合形成的一种链式数据结构。每个区块主要包含三个部分：①数据信息，具体的信息类型与区块链协议规定相关，例如，在比特币系统中是转账信息，包括付款人、收款人、比特币数量等；②哈希（Hash）值，表明区块内包含的所有信息；③哈希指针，包含上一个区块的哈希值，表明上一个区块的信息。哈希指针可以将区块一个个连接起来形成"区块链"。

哈希值就是一段信息经过"哈希算法"加密后得到的值。"哈希算法"是一种加密算法，任何一串信息经过"哈希算法"运算后，就转化为一段没人能看懂的字符串。哈希算法有三个重要的特性：单向性、确定性、分散性。

1. 区块结构

区块包含两个部分：

◎　区块头（Head）：记录当前区块的元信息。
◎　区块主体（Body）：实际数据。

区块包含的数据如图 2-1 所示。

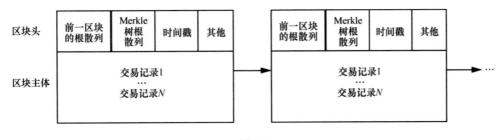

图 2-1

2. 区块链如何工作

我们以银行转账为例，目前转账都是中心化的，银行是一个中心化账本，例如 A 账户里有 400 元钱，B 账户里有 100 元钱。

当 A 要转 100 元钱给 B 时，A 要向银行提交转账申请，银行验证通过后，就从 A 账户上扣除 100 元，B 账户增加 100 元。经计算后，A 账户扣除 100 元后余额为 300 元，B 账户加上 100 元后余额为 200 元。

区块链上转账的步骤则是：A 要转账给 B 100 元钱，A 就会在网络上把要转账的这个信息告诉大家，大家会去查看 A 的账户上是否有足够的钱去完成这个转账，如果验证通过，大家就都把这个信息记录到自己电脑上的区块链中，且每个人记入的信息都是同步一致的，这样 A 就顺利将 100 元钱转移到了 B 的账户上，如图 2-2 所示。可以看到这中间并没有银行什么事。

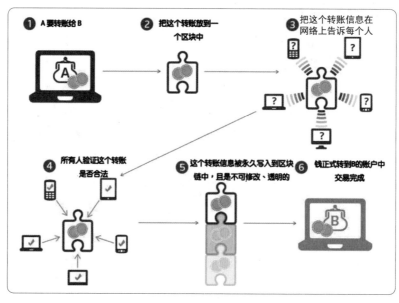

图 2-2

3. 区块链需要了解的关键技术点

区块链通过 Hash 与非对称加密来保障数据无法被篡改：

◎ Hash：$y = hash(x)$，对 x 进行哈希运算得出 y，可以隐藏原始信息 x，因为我们没办法通过 y 来算出 x，从而做到匿名性。

◎ 非对称加密：公开密钥与私有密钥是一对，如果用公开密钥对数据进行加密，只有用对应的私有密钥才能解密；如果用私有密钥对数据进行加密，那么只有用对应的公开密钥才能解密。

比特币每秒钟的交易最大只能有七笔。请注意，这里说的是最大而不是平均，因为这是一个非常严格的定义，对于区块链来说，其实每秒的交易次数可以达到上万次或者更多，所以这也是区块链和比特币的一个主要区别。很多人会混淆说，区块链这个交易的速度为七笔每秒，这是不对的，这是比特币的一个限制，区块链根据它不同的共识算法以及链接方式，可以达到非常高的交易速度。

2.2.2　比特币的区块链工作过程

以比特币网络为例，具体查看其中如何使用区块链技术。

比特币的区块链工作过程如下：

（1）用户通过比特币客户端发起一项交易，消息广播到比特币网络中等待确认。网络中的节点会将收到的等待确认的交易请求打包在一起，添加上前一个区块头部的哈希值等信息，组成一个区块结构。然后，试图找到一个 nonce 串（随机串）放到区块里，使得其哈希结果满足一定条件（比如小于某个值）。计算 nonce 串的过程，即俗称的"挖矿"。nonce 串的查找需要花费一定的计算力。

（2）一旦节点找到了满足条件的 nonce 串，区块在格式上就变得合法，成为候选区块。节点将其在网络中广播出去。其他节点收到候选区块后进行验证，发现确实合法，就承认区块是一个新的合法区块，并将其添加到自己维护的本地区块链结构上。当大部分节点都接受了该区块后，意味着区块被网络接受，区块中所包括的交易也就得到了确认。

比特币的区块链工作过程可以简化为两个关键流程，一个是完成对一批交易的共识（创建合法区块结构），一个是新的区块添加到区块链结构上，被网络认可，确保未来无法被篡改。

比特币基于算力（寻找 nonce 串）的共识机制被称为工作量证明。因为要让哈希结果满足一定条件，并无已知的快速启发式算法，只能对 nonce 值进行逐个尝试的蛮力计算。尝试的次数越多（工作量越大），算出来的概率越大。

通过调节对哈希结果的限制条件，比特币网络控制平均约 10 分钟产生一个合法区块。算出区块的节点将得到区块中所有交易的管理费和协议固定发放的奖励费（每四年减半）。

比特币网络是任何人都可以加入的，如果网络中存在恶意节点，能否进行恶意操作来对区块链中记录进行篡改，从而破坏整个比特币网络系统？比如故意不承认别人产生的合法候选区块或者干脆拒绝来自其他节点的交易请求等。

实际上，比特币网络中存在大量（据估计数千个）的维护节点，而且大部分节点都是正常工作的，默认都只承认所看到的最长的链结构。只要网络中不存在超过一半的节点提前勾结一起采取恶意行动，则最长的链将很大概率上成为最终合法的链，而且随着时间增加，概率会越来越大。例如，经过 6 个区块生成后，即便有一半的节点联合起来想颠覆被确认的结果，其概率也仅为 $(1/2)^6 \approx 1.6\%$，即低于 1/60 的可能性。10 个区块后概率将降到千分之一以下。

如果整个网络中大多数的节点都联合起来作恶，可以导致整个系统无法正常工作。但这意味着付出很大的代价，得不偿失。

2.2.3 区块链的主要特征

区块链借助互联网能实现信息的全网同步和备份，并且可以使交易者之间的信任机制得以建立。其特征主要概括为以下方面：

（1）一是去中心化。也就是说，通过网络记录的每笔交易不存在任何中介机构，所有交易的发生都是交易人直接交易，并按照交易时间被记录在交易人手机或电脑的客户端程序中。从这一点可以看出，区块链可以绕开中介机构展开交易，从而避免中介交易的风险。

（2）二是不可篡改和可追溯。每一笔网络交易都会有其发生的时间，从而构成一个数据块，并运用密码技术予以加密。区块链就是将每一个数据块按照时间发生的先后顺序线性串联起来。由于时间的不可逆性和不可更改性，使得区块链具有了不可篡改的特点。也就是说，所有人的所有交易都被记录在案，如果在某个交易环节出现造假情况，我们完全可以通过区块链条进行精准识别，实现交易的可追溯，从而保证交易的真实性、可靠性。

（3）三是信息的共享和透明。这主要是指网络中的所有人都能看到所有的交易记录，都能共享数据账本，所以当某个区块数据出现问题时，并不会导致所有交易记录和数据资产遭到破坏。因此，基于区块链的这些特征，网络交易者之间可以建立起一定的信任机制，从而简化交易流程和审批程序，形成便捷、高效、透明的工作机制。

2.3 区块链的分类

按照区块链开放程度来进行划分，可以分为三个类型：公有链、联盟链、私有链。公有链、联盟链、私有链在开放程度上是递减的，公有链开放程度最高、最公平，但速度慢、效率低；联盟链、私有链的效率比较快，但弱化了去中心化属性，更侧重于区块链技术对数据维护的安全性。

2.3.1 公有链

公有链是指全世界谁都能够读取的、任何人都可以发送交易且交易能获得有效确认的、任何人都能参与共识过程的区块链——共识过程决定哪个区块可被添加到区块链中和明确当前状态。公有链通常被认为是"完全去中心化"的，它的特点是不可篡改、匿名公开、技术门槛低，是真正的去中心化。每个参与者都可以看到全部的账户余额和其全部的交易活动。公有链的主要应用有比特币、以太坊等。

但公有链存在的一些问题注定它无法适用于所有场景：

（1）公有链数据是全网公开的，并不适用于所有行业，比如银行、政府、证券不可能将全网数据公开。

（2）处理交易的速度慢，因为需要全网节点共同参与，参与节点太多，影响处理交易的速度，导致效率低，比特币、以太坊都存在这个问题。

（3）公有链涉及发币，需要进行 ICO，但 ICO 是现在各国政府所禁止的敏感话题。

由于区块链技术在数据处理方面存在优势，但公有链又存在缺点，所以大家就对公有链进行改进，主要是对其开放性和效率进行改良，通过改良可以将区块链应用到实际场景中，于是也就有了联盟链和私有链。

2.3.2　联盟链

联盟链就是指其共识过程受到预选节点控制的区块链。通俗地说，联盟链就是公司与公司、组织与组织之间的联盟模式，维护链上数据的节点都来自于这个联盟的公司或组织，记录与维护数据的权利掌握在联盟公司成员手上。采用联盟链的主要群体有银行、证券、保险、集团企业等。它主要应用在机构间的交易、结算或清算等 B2B 场景。举个例子，银行间进行支付、结算、清算的系统就能够采用联盟链的形式，将各家银行的网关节点作为记账节点。

联盟链不像公有链那样数据完全开放，弱化了去中心化是它的一个弊端。目前联盟链的典型项目是超级账本项目，目前有荷兰银行、埃森哲等十几个不同利益体加入，联盟链能满足它们各自的行业需求，简化业务流程。

2.3.3　私有链

私有链按照字面意思就是完全私有的区块链，即写入权限仅在一个组织手里的区块链。读取权限或者对外开放，或者被一定程度地进行了限制。私有链的特点是交易速度快、保护隐私，而且交易成本极低。

私有链是不对外开放的，只有被授权的节点才能参与并且查看数据的区块链类型；采用私有链的主要群体是金融机构、大型企业、政府部门等。私有链典型的应用是央行开发的用于发行央行数字货币的区块链，这个链只能由央行进行记账，个人是不可能参与的。还有一些大型公司在做私有链，比如阿里、百度、京东等，它们主要侧重区块链在数据安全、供应链等行业痛点方面的作用。

2.4　区块链的应用场景

2.4.1　区块链 + 医疗

随着时代的发展，医疗水平也在高速发展着。但是，医疗数据的安全一直是一个问题，医疗信息具有特殊性和私密性，一旦泄露便会给医院和病人带来困扰，不法分子便能通过这些信息谋求利益。区块链具有不可篡改的特性，采用加密的数据分布式存储，极大地提高了数据的安全性。

区块链在医疗的应用场景及解决方案说明如下。

（1）医药临床试验和人口健康研究

区块链技术能够提供实时可追踪的临床试验记录、研究报告和结果，且这些数据不可变，为解决结果交换、数据探测和选择性报告等问题创造了可能，从而可减少临床试验记录中的造假和错误。在精准医疗和人口健康管理等领域的医疗研究创新上，区块链系统还能推动临床试验人员与研究人员之间的高度协作。

（2）药品供应链的完整性与药品防伪

据行业估测，全球医药公司因为假药问题，每年要损失2000亿美元。在发展中国家，市面上30%的药都是假药。如果采用区块链系统，那么药品从供应链出发到流入个体消费者手中，整个过程都能得到保证。

（3）电子健康病例

所谓的电子健康病例就是患者的病例信息转变为电子档案，当然是基于区块链技术进行病例存储的。过去患者病例信息都存储在医院的系统中，病人不能随时查看自己的病例信息，如果患者在不同的医院进行过治疗，那么两个医院间的信息也是不互通的。而且信息存储在医院也不安全，别人可以随意更改和伪造。基于区块链去中心化、数据防伪造和不可更改等特性，可以完美地解决不同医院间数据不能共享和伪造等问题。这样患者本人可以有一个详细的病例信息并能随时查看。

（4）DNA钱包

DNA钱包是指运用区块链去中心化、信息不可更改的特性，开发DNA信息存储库，对基因和医疗数据进行有效存储。同时对存储的信息进行加密，这样既保证了DNA信息的存储，也保证了私人信息的安全。如此这样，可以方便快捷地对基因信息进行数据共享和方便生物医药公司进行数据采集，以提高研发效率。

2.4.2 区块链＋教育

工信部颁布的《中国区块链技术和应用发展白皮书》指出，"区块链系统的透明化、数据不可篡改等特征，完全适用于学生征信管理、升学就业、学术、资质证明、产学合作等方面，对教育就业的健康发展具有重要的价值"。

在全民教育时代，教育行业可谓是个庞大的市场。如何通过科技手段更好地优化现有教育模式已成为值得探讨的话题。"区块链＋教育"则被寄予了颠覆传统的厚望。

我们可以看到，在现行的教育管理体制下，不仅存在着大量成绩造假、学历造假、认证困难、论文抄袭等问题，就拿获取教育资源来说，由于接受高质量教育是普遍诉求，衍生出来的问题就是学校招生管理混乱，以及教育资源分配不公平。此外，面对庞大而鱼龙混杂的教培机构市场，如何有效治理成了监管部门亟待解决的问题。

由此，"区块链＋教育"实际可在三大应用体系发挥重要作用：数据存储及征信体系、教育资源的确权管理，以及教育行业的柔性监管。

（1）数据存储及征信体系

首先，存储和记录可信的学习数据。利用区块链的分布式存储记录特性来记录学生的个人信息、学习成绩、成长记录等内容，可为个性化的教育教学提供过程性诊断，也可应用于学生档案的创建，推进学校治理体系和治理能力现代化等。

就以常用的"错题库"为例，采用区块链系统记录学习行为数据，每个学生都可在保护个人隐私的前提下共享错题数据，并保证数据来源的真实准确，从而实现精准的学习路径推荐和教学质量提升。

其次，还可将学生成绩、个人档案和学历证书存储在区块链上，从而防止信息的丢失或被恶意篡改，构建一个安全、可信的学生信用体系，有力解决学历造假问题。

（2）教育资源的确权管理

实际上，基于区块链的教育资源的确权管理，既能保障资源供给方的知识产权，又能提升教育资源的质量，还能扩大教育资源的共享范围。

从知识版权来说，在网络技术发达的今天，众多教育资源如原创网络课程、个人作品等存在被盗用的情况，打击了创作积极性。基于区块链技术的公开透明、可追溯、不可篡改的性质，可构建学术版权维护体系，保护教学资源的安全性及可靠性。

从教育资源上来说，如何科学、有效、良性地开展招生工作，关乎教育质量，关系教育公平。但我们发现，许多学校的实际招生人数远远超过公开的招生计划人数。依托区块链等技术手段，利用智能合约的透明、自动执行等特性，可以实现锁定招生条件，并永久存证，为保障教育公平与教学质量提供强大的技术支撑和过程性证据。

（3）教育行业柔性监管

可以看到，无论是教培机构还是在线教育，它们都是个性化教育的一种参与形式和力量表现。学习者可自主选择在学习中心或培训机构学习某门课程，获得具有同等效力的课程证书，乃至权威组织认定的学历学位证书，有效证明自己在某一领域的专业知识和技能。

但这也给监管机构带来更大的挑战，仅培训机构"卷款跑路"的事件近年就时有发生。因此，在教育行业监管方面，我们需要建立合理的柔性监管，把教育行业参与者都尽可能地纳入监管体系，并通过有序的市场竞争促进教育机构规范经营，提高教学质量。

通过区块链智能合约的应用，一方面可按监管政策事先锁定监管规则，杜绝人为击穿的风险；另一方面还可设立保证金机制，一旦违反条约便自动产生相关赔付，杜绝欺诈行为的发生，从而构建真正安全、高效、可信的开放教育资源新生态。

随着教育领域中的数据产权归属与使用规范的明确制定、法律法规及政策的出台，以及区块链与其技术优势互补形成协同效应，将有效解决区块链技术在教育领域应用中面临的问题。教育数字化是全球教育发展与变革的大趋势，区块链技术有望在互联网＋教育生态的构建上进一步发挥独特作用。

2.4.3 区块链＋农业

中国是农耕大国，农业作为第一产业，是关乎国计民生的重中之重。我国农业一直在朝着现代化方向发展进步，农业＋技术不断交叉融合，近年来，区块链技术发展延伸至社会各个领域，农业也不例外。

农业农村部联合中央网络安全和信息化委员会办公室联合发布的《数字农业农村发展规划（2019-2025 年）》指出，"要加速农业区块链大规模联网、数据协同等核心技术突破，加强农业区块链标准化研究，推进区块链技术在质量安全追溯、农村金融保险以及透明供应链等场景的应用。"

区块链用于溯源的技术有三点特性：

① 链上区块按时间戳记账，上链数据可追溯且不可篡改。

② 数据分布式存储，受多方监管。

③ 非对称加密，持有私钥才能对加密信息解密，确保其安全性。

农产品溯源已经成为区块链溯源领域以及区块链＋农业领域最为常见的落地场景，如图 2-3 所示。恰如给农产品发一张唯一数据标识的"身份证"，扫码"解密"就可以了解农产品从种植到交付的品种、生产时间、饲料、货运流转等所有信息，每个信息都将是安全的并且可以实时获得。当今的消费者更加注重食品健康，向消费者提供有关农产品的所有供应链信息，就可以满足消费者的安全性期望，有效提高品牌的地位和议价能力。

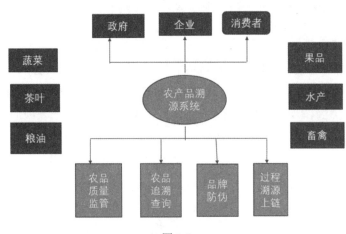

图 2-3

举一个"步步鸡"项目的例子，每只步步鸡都戴着脚环，它记录了鸡只的整个生命周期信息：重量、日龄、来源的养殖场、饲料、运动步数、检疫合格证等。消费者通过扫描脚环二维码就能看到鸡的一生。同时脚环会实时上传数据，养殖户也可以实时监控鸡只的生命体征。

基于区块链的可追溯性和不可篡改性，在建立 to C 信任的同时，也可以构建产业内部 to B 的信用体系，消除信息不对称，提高全产业链的信息透明度和及时反应能力，实现整个产业的增值。区块链技术正在进入农产品生产流通领域，对农业有着深刻的改造。比如最原始的茧丝产业上游生产单体规模小而分散、产业链条长且效率低下，交易成本过高，买卖双方还会时常出现人为毁约。我们通过区块链分布式记账及不可篡改的技术，可以把买卖双方的信息公开、透明地呈现给上下游各方以及相关第三方，违约者将被行业抛弃，由此通过互相上链建立起正向的信誉生态，让良币驱逐劣币。

金融领域是区块链应用最活跃和比较成功的领域，但农业金融具有一定的特殊性，主要缺乏有效抵押物来建立契约机制。农业经营主体申请贷款时，需要提供相应的信用信息，这就需要依靠银行、保险或征信机构所记录的相应信息数据，但其中存在着信息不完整、数据不准确、使用成本高等问题，总体上贷款较难，风险较高。区块链技术可以保证信息更透明、篡改难度更高，增加了诚信，降低了成本。另外，应用去中心化功能申请贷款时，将不再依赖银行、诚信公司等中介机构提供信用证明，贷款机构通过调取区块链的相应数据信息即可开展业务，能大大提高工作效率。

2.4.4　区块链 + 版权认证

在数字文化产业，区块链正在改变着数字版权的交易、收益分配模式和用户付费机制等基本产业规则，形成融合版权方、制作者、用户等全产业链价值共享平台。例如，以明星或 IP 为源头实现的区块链应用，可以打造一条将投资人、音乐人、电影制作人、粉丝群体、艺人以及经纪公司等融于一体的价值共享链。再如，为版权内容提供溯源支持的区块链平台，通过区块链、公钥加密和可信时间戳等技术，为原创作品提供原创认证、版权保护和交易服务。

区块链 + 版权认证，可以从确权、用权、维权三个方面进行：

（1）第一，确权。原创者把自己的作品通过某个产品保全到区块链，然后把原创作品加密生成独一无二的 DNA 数字指纹（存证文件 hash 值），再加盖时间戳和原创者的身份信息上传到区块链上。这样作品会有一个唯一标志，会同步到区块链上的所有节点上，就能通过"谁先创作，谁先上网，谁先认证"的原则进行确权，甚至可以完整地记录一个作品从创作初始到最终呈现的所有变化过程。这个区块链一般是联盟链，公证处、司法鉴定中心等多家机构均为联盟链节点，多节点共同监督，确保链上数据真实有效。

（2）第二，用权。可以利用区块链技术构建一个版权交易平台，作品使用权的流转都会被追踪，交易过程透明公开可溯源，使内容创作者的数字内容价值得以体现。

（3）第三，维权。如果出现未授权转载或者盗用的情况，就需要举证取证环节。举例来说，原告用一个第三方区块链存证平台的在线取证功能，直接把侵权方的侵权网页进行证据固定，并把证据结果上传到区块链上。区块链上是有公证处、司法鉴定中心的节点的，证据也会同步被这些节点固定。然后原告就拿着这个证据去法院诉讼，最后法院认可了这种取证存证的方式并判原告胜诉了。

所以，区块链技术在一定程度上能够助推司法诉讼，助力原作者举证维权，减少电子证据取证难、易消亡、易篡改、技术依赖性强等问题，在知识产权保护等领域发挥它的技术作用。区块链技术的引入确实可极大地提升知识产权服务的运行效率，从确权、用权、维权三个环节解决知识产权产业冗长繁杂的问题，为版权保护提供完美的解决方案。

2.4.5 区块链 + 文旅

区块链技术的引入可为旅游业开启想象空间，使旅游业的发展出现新的可能。基于区块链产生的新技术新思维应当着眼于提升旅游服务体验，维护旅游过程中涉及的各方利益，最终实现"旅游 + 区块链"的融合发展。

旅游业长期存在诸如购物式旅游、景区服务缩水、旅游信息不对称等问题，在区块链技术的引入后或将逐一破解。未来，区块链技术与旅游业的结合具有很大发展空间。

（1）一是区块链的核心理念是去中心化。这一特点在旅游业中的应用表现为去掉中间代理商，减少交易环节，大大降低交易成本及提高交易效率。

（2）二是区块链被称为价值互联网，具有高度透明和消除信任依赖的特点。区块链中数据信息对所有人公开，有利于保证交易费用的透明性及产品和服务的真实性，降低游客出行成本，提升出行体验，诸如"大数据杀熟"等的现象将不会再发生。

（3）三是区块链的自治性特点。体现在旅游业中就是游客不止有一重身份，他们可以是游客、导游，或是管理者。区块链中各区块记录了每一地区的旅游信息，通过区块连接各地区间可相互交换本地特色旅游及服务信息，各地有兴趣的居民都可参与到游客接待及管理中，游客可直接享受到当地的特色体验，当地居民也可从服务中获益。

（4）四是区块链具有不可篡改性。以往各酒店、旅行社等为争夺顾客，在网络平台上对本店服务作虚假评价，使游客无法获得真实的信息，区块链技术的不可篡改性有效避免了这种虚假信息传播，一旦出现虚假信息，可追溯存证，对发布虚假信息者的交易都会产生影响，有助于保证游客人身安全。

（5）五是区块链具有身份认证功能，其可追溯、透明性、不可篡改性保证了区块中所有人身份、信息的真实性。试想，区块链系统中的每一个人身份都真实可靠，游客在旅行途中无须重复认证身份，机票订购、住宿等环节的管理机构也无须反复核实游客信息，势必为游客和管理人员节省大量时间。

区块链对于文化及相关领域的作用及应用主要集中在知识产权、中介信用、供应链管理、教育就业等。其中，区块链为艺术品交易中艺术品防伪提供了新方法；在数字内容发行过程中，可以系统地保护艺术家的知识产权；另外通过推动非遗与互联网、区块链技术的结合，以溯源的方式解决交易过程中的造假问题，使传统手艺得到市场化释放。

2.4.6 区块链 + 慈善

传统公益慈善领域在款项管理、信息记录等方面存在这样几个问题：受助人、捐赠项目信息审核不够严格，难以做到真实有效的甄别；钱款的募集和使用过程难以透明公开；公益款项先进入机构账户，再由机构进行操作处理，多层级操作，流程烦琐，人力、时间成本高。反观区块链技术，它具有去中心化、公开透明、信息可追溯、通过智能合约自动执行等优势，这些优势正好对应地解决了传统公益慈善项目中被人诟病的问题，可以从根本上解决公益信任难题。

面对慈善公益面临的这些问题，我们国家在法律上也做出了相应的规定，《中华人民共和国慈善法》的颁布给慈善公益提供了基本的法律保证。但总有人为了利益去钻法律的空子，只有法律的监管是远远不够的，还需要在技术层面上给予支持。

民政部把"互联网＋慈善"作为重点工作之一，并指出要探索区块链技术在公益捐赠、善款追踪、透明管理等方面的运用，选定区块链技术方案，构建防篡改的慈善组织信息查询体系，增强慈善信息的权威性、透明度与公众信任度。

区块链技术应用于公益领域，可以改进公益组织的信息存储与传播方式，实现社会对公益项目资金的实时监管，提升公益组织的公信力，增加民众对公益机构的信任度。比如通过区块链技术与物联网相结合，不仅实现捐赠物资的全程流转信息上链，保证物资流转信息的透明可追溯，还大大改善了网上捐赠者的用户体验。

区块链技术与慈善大数据的融合，将彻底改变分析处理慈善数据的方式，具有以下深远意义。

（1）推动慈善事业精细化管理

精细化管理的基础是管理数据的精准化，慈善大数据的开发应用是推动慈善项目管理数据精细化的必要措施。

（2）提升慈善服务能力

大数据通过区块链带来的深层次挖掘和分析，更好地分析救助者的需求，优化资源配置，丰富服务内容，拓展服务渠道，构建便捷高效的慈善服务体系。

（3）推动慈善项目管理的科学化

利用区块链＋大数据的手段，能精确反映实时慈善救助情况，将为慈善项目管理的科学化和精细化奠定坚实基础。

（4）提升慈善救助决策水平

将区块链融合大数据分析结果以视觉化、动态化的方式对救助效果数据信息进行展示展现，为慈善组织决策提供更多可量化的信息，提高决策水平。

通过"区块链＋慈善"的模式，建立专注于公益慈善领域的移动互联网应用平台，为公众提供更高效、便捷的公益参与通道，建立"人人公益，触手可及"的公益众筹新模式。为进一步提高慈善组织的社会公信力，增强社会大众的捐赠信心，通过区块链技术与自有平台相结合，改变传统的信息公示模式，让公益慈善更加高效、透明、有序地运作。区块链与慈善的结合必将会使慈善事业重回最初的期待，实现真正的真、善、美。

2.4.7 区块链 + 智慧城市

数据在信息技术蓬勃发展的新形势下已经成为一种资源，尤其随着城市的发展，积累了大量体积庞大的数据。但是由于数据的竞争性和排他性，导致城市数据跨层级、跨地域、跨系统、跨部门的高效、有序、低成本流动难以实现，并且数据在交换时，难以避免会发生数据泄露，"数据孤岛"和数据安全问题成为新型智慧城市建设的掣肘。此外，城市数据还面临安全性问题。

而凭借区块链的分布式存储、去中心化、点对点传输功能，城市每个运维管理单位都可以变成一个节点，产生的数据不用通过中心进行数据处理就可以直接发送到指定的分布式数据库，实现数据直接传输，进而解决数据难以共享的问题。

同时，这些节点的所有数据和信息都是公开透明、可以追溯的。在进行数据传输时，数据也无法被伪造和篡改，因为篡改需要得到所有节点的认可，并留下数据信息变化的跟踪记录。这有利于数据原始信息的追溯，使得区块链技术能够有效保障保证数据安全性。

因此，具有去中心化、分布式、信息难以篡改、安全性、匿名性等特性的区块链技术，非常适合解决大数据共享困难的问题。

区块链 + 智慧城市，未来已来。

基于区块链技术，网络不仅能传播信息，还可以转移价值。在智慧城市中，可以利用区块链技术的点对点通信机制降低运营成本，普及物联设备；利用其不对称加密特性保护用户隐私，重塑信任机制；还能够打破信息孤岛，促使供应链上下游交互，减少时间与经济成本。

除此之外，区块链技术在智慧城市建设过程中还有很多其他方面的应用，如在智慧交通、电子政务、智慧资产、法律应用等领域均有着广阔的前景，基于区块链技术的智慧城市未来可期。

2.4.8 区块链 + 游戏

游戏作为一个不断吸收高科技技术成果的行业，当然也是区块链技术最佳的应用阵地之一。那么区块链技术要如何应用到游戏中呢？我们做一下讨论。

区块链技术最大的特点之一就是去中心化，不需要第三方，不需要中间商，并且绝对的安全和公平。像棋牌游戏，有个致命问题，就是参与者和平台之间的信任问题，平台出现问题卷款跑路的事不是没有发生过。而当一个使用区块链技术的平台来主导时，就不存在平台造假的问题，流程也会更便捷和简化。当然区块链能解决游戏博彩业的公平透明问题，但却解决不了博彩本身尴尬的法律地位问题。

区块链技术的安全性对于游戏，特别是依赖数据储存的网络游戏来说，作用是显而易见的。由于在技术上数据基本不可能被破解和篡改，所以玩家的个人数据、虚拟财产等都有了真正意义上的保障：你的虚拟财产将是一段独一无二的代码，没有你的同意和授权，别人无法在区块链的体系下盗取。将来游戏产业的进一步发展必将是建立在成熟的互联网体系之上的，如果区块链技术能够消除盗号、黑客攻击等游戏安全性的隐患，无疑具有相当大的意义。

现阶段，最有启发的事就是区块链对游戏的虚拟财产的革命。区块链技术允许开发者创建独有的虚拟物品，也就是说游戏厂商可以为玩家设计完全独一份的角色、物品等。在游戏中给玩家"真正的数字收藏品"，100% 归你所有，并且不可复制。区块链 + 游戏最大的优势在于区块链技术使得玩家拥有了对游戏资产绝对的所有权和控制权（传统游戏中，中心化服务器的关闭、游戏开发商对于游戏的更改以及来自外部的恶意攻击都会使玩家失去对游戏资产的所有权）以及这一技术对游戏收益的放大作用，传统游戏中最重要的娱乐性反而是次要的。

如图 2-4 所示，*CryptoKitties*（迷恋猫）是第一款被广泛认可的区块链游戏。玩家可以拥有、饲养和交易小猫，这是游戏中唯一的道具。*CryptoKitties* 上线之后很快火爆全球，首周交易额的价值就超过了 1200 万人民币。迷恋猫是一群讨人喜欢的数字猫咪，每一只猫咪都拥有独一无二的基因组，决定了它的外观和特征。玩家可以在游戏中买一只几乎和现实猫一个价格的猫，当然了，这只猫是独一无二、只属于你个人的，100% 归玩家所有，无法被复制、拿走或销毁。然后在游戏中玩家能做的就是利用手上的猫，或是和别的猫交配得到小猫，或是出卖猫的交配权让别人得到小猫。在这个过程中玩家有机会得到一只高稀有度的猫。当然最终的目的就是把手上的猫卖掉，越稀有的猫越会受到追捧，能卖上好价钱。

再看一个大获成功的 *Axie Infinity* 区块链游戏，如图 2-5 所示，玩家可以在游戏中将名为 Axie 的生物进行收集、繁殖、交易和战斗。它还创造了一种新的游戏设计理念——边玩边赚（Play-to-Earn），玩游戏的同时可以获得数字资产，这个项目已经成为一个耀眼的例子。

图 2-4   图 2-5

这款游戏中的代币玩法和游戏本身一样有趣，游戏过程中你会赚取或者使用相关代币。游戏中的 Axie 就是你的虚拟资产，这个资产可以在一个活跃的第三方市场上交易，游戏内的货币为 SLP（Small Love Potion，俗称"迷你爱情药水"），它将用于购买游戏内的各种资产或者喂养 Axie。SLP 可以在第三方市场购买到，或者通过玩游戏获得，比如玩游戏做任务就给 SLP，每天做完每日任务就可以领取 50 SLP 和关卡奖励。

Axie Infinity 的游戏模式与区块链技术有很高的契合度。它本质上是一款宠物养成、对战游戏，玩家首先要购买至少 3 只 Axie 才能参与游戏，每一只 Axie 都是一枚独特的游戏资产。将不同属性的 Axie 进行排列组合与其他玩家进行回合对战，获胜方可以获得 SLP 和 AXS 代币奖励，而繁殖新的 Axie 必须要消耗 SLP 和 AXS 代币。

属性强大稀有的 Axie 是十分珍贵的游戏资产，区块链技术保障了这一资产的安全性和玩家的所有权。*Axie Infinity* 是从边玩边赚这一理念出发诞生的游戏，经济激励贯穿游戏的始终，玩游戏赚钱是 Axie 一直所宣传的，加密货币对收益的放大作用对于游戏本身来说也是十分重要的。

Axie Infinity 是一款需要玩家花钱、花时间的游戏，参与游戏需要先购买 Axie，想要赢得对战需要花时间和精力了解 Axie 的各项属性，繁殖新的 Axie 也需要等待较长的一段时间。这些前期花费的大量时间、精力、成本都属于沉没成本（沉没成本，指已经发生且无法收回的支出，如已经付出的金钱、时间、精力等）的范畴。由于沉没成本的存在，即便随着时间的推移，玩家对游戏的兴趣下降了，也无法轻易放弃这一游戏，无形中增加了用户粘度，降低了用户的流失率。

此外，所有参与游戏的玩家，手里都会持有至少 3 只 Axie 和一些 SLP 以及 AXS 代币。根据禀赋效应（禀赋效应是指当个人拥有某项物品后，他对该物品价值的评价比未拥有之前大大提高）的原理，玩家对这一游戏的评价会提高，换句话说，游戏对他们的吸引力提高了。

游戏本身的高质量和吸引力，并不一定能保证游戏一定会成功。*Axie Infinity* 游戏能够将日活跃用户数维持在 2 万以上，除了依靠精美的游戏制作吸引新玩家的加入，更要归功于游戏机制以及经济模型与区块链技术的高契合度。

2.5　区块链和元宇宙

经历早期的野蛮生长以及行业洗礼之后，人们对于区块链的认识已经从简单意义上的比特币转变为改造工具。不断有新的应用出现，不断有新的行业被区块链改造，区块链从当初的"高开高走"变成了现在的"润物细无声"。通过对传统行业的底层逻辑进行改造，区块链为人们找到了解决传统行业痛点和难题的一种全新范式和途径。

然而，仅仅只是将区块链看成一种优化和赋能传统行业的存在，显然是低估了它的功能和作用。同时，仅仅只是用区块链来赋能传统行业，同样也无法将它的功能和作用得到最大程度上的发挥。于是，越来越多的人开始意识到，区块链的最大作用并不仅仅只在于区块链本身，而在于区块链可以将大数据、云计算、人工智能等新技术连接在一起，并且可以让它们发挥出更大的作用。

提及元宇宙，人们更多想到的是元宇宙在游戏里的应用，原因在于通过元宇宙，我们实现了虚拟世界与现实世界的无缝连接，从而让用户的体验得到了本质上的提升。的确，元宇宙为我们打开了一个新世界，在这个新世界里，不再让虚拟世界与实体世界之间泾渭分明，而是变成了统一的个体。然而，如果元宇宙的价值和意义仅仅只是局限在体验上的优化和提升，而没有真实的商业作为注脚，那么，所谓的元宇宙依然仅仅只是一个缺少真实根基的存在。所以，元宇宙之所以会受到如此多的追捧，其中一个很重要的原因就在于它自带一整套的商业闭环，并且真正建构了属于自己的生态闭环。

之所以如此，区块链在其中发挥了重要作用。同以往人们所认为的区块链不同，区块链在元宇宙上实现的是虚拟价值与真实价值的统一。换句话说，原本我们所认为的那些毫无意义的数字货币，现在已成为呈现真实行业价值的标的。通过区块链，元宇宙可以建构起真实行业与虚拟世界之间的联系，并且真正实现了两者之间的自由流动。

如果一定要为元宇宙时代找到一种技术作为注脚的话，区块链绝对是当仁不让的那一个。相对于大数据、云计算、物联网和虚拟现实等与元宇宙深度相连的技术而言，区块链是更加底层、更加本质的，并且只有区块链具备将其他的技术真正联通与桥接的能力。区块链更像是一个诸多新技术的"聚合体"，而不是一个独立的个体。在区块链的生态下，新技术才能成为一个高度融合的个体。

很显然，这与人们以往对于区块链的认识是不同的。以往所认为的区块链，仅仅只是一个与数字货币深度绑定的存在，离开了数字货币，区块链便一文不值。这是人们在区块链被发现的早期就一直存在的巨大误解的地方。正是因为这种误解的存在，才将区块链的发展带入到了死胡同。

时至今日，人们对于区块链已经有了一个较为理性的认识，并且开始有人意识到了区块链在新的时代下真正应该扮演的角色和作用。区块链在元宇宙时代所扮演的一个最为突出的作用，就是它可以将不同的技术、不同的流程和环节，通过自己的方式全部桥接与联通起来，并且可以借助数字货币的力量，真正建构一个完美的商业闭环，从而形成一个全新的时代。

在现实世界里，我们对于现实世界的很多资产需要进行确权，即通过中心化的机构去认证。比如，买房交易中，房产交易需要发证、盖章，证明房子归属于你，之后才能开始交易。但是在虚拟的世界里，对于数字资产的价值认同更高，那么数字资产怎么去确权？

因为数字资产数量众多，所以需要区块链技术帮助大量数字资产确权，它能够给我们一个不同的编码，让资产可以流动。不可否认，大数据、云计算、虚拟现实等新技术的确在元宇宙时代扮演着相当重要的作用，但是，它们仅仅具备在某一个流程和环节扮演重要作用的能力，却没有具备真正将不同的技术、不同的流程和环节深度融合的能力。区块链则不相同。相对于其他技术的局限性，区块链真正所要达成的更像是一种更加底层、更加基础性的存在，它可以将其他新技术的底层更好地连通起来，并且真正将这些新技术的能量进一步激发出来，从而获得更大的能量。

这才是区块链的更大层面的功能和作用。对于中本聪来讲，他仅仅看到了区块链在金融体系当中的作用和地位，并且只是将区块链的这一优势借助比特币的方式淋漓尽致地表现了出来。然而，他没有看到区块链的基础性，特别是他没有看到区块链与不同的产业、不同的技术实现了深度融合之后所释放出来的巨大能力。

当人们对于元宇宙的理解越深刻，将会越来越多地感受到区块链在其身上所扮演的重要的功能和作用。同样地，当人们对于区块链的落地和应用的探索越深入，将会越来越多地发现区块链真正为我们开启的是一个可以与现实世界实现深度融合，并且真正能够从本质上颠覆人们的生产和生活方式的全新世界，而这个世界，正是我们现在都在关注的元宇宙。

第3章
元宇宙和 AI，彼此互相成就

元宇宙概念爆火，作为元宇宙支撑技术之一的人工智能（AI）也再次受到市场的关注。无论是计算机视觉、机器学习（Machine Larning，ML），还是自然语言处理（Natural Language Processing，NLP）和智能语音，都是人工智能技术的重要研发方向，人工智能是元宇宙重要的组成部分和关键之一，有了这些人工智能技术的持续加持，元宇宙未来才会从概念到场景化的落地，两者之间的紧密关系让市场有了更多想象力和期待。

3.1 什么是人工智能

首先，我们来看看人工智能的范畴及其定义。

AI 是 Artificial Intelligence 的英文缩写，即人工智能，表示使机器具备类似人类的智能，从而代替人类去完成某些工作或任务。

普通大众对 AI 的最新认知可能来自于《西部世界》《超能陆战队》《机器人总动员》等影视作品，这些作品中的 AI 界定为"强人工智能"，因为这类 AI 能够像人类一样去思考和推理，且具备知觉和自我意识，即具有完全的人类思考能力和情感的一种人工智能。"弱人工智能"则是指不具备完全智慧，但能完成某一特定任务的一种人工智能，它能够在特定的任务上，先在已有的数据集上进行学习，之后应用于实际的场景，根据学习的知识和规则进行预测，得到合理的结果。

如今，具有这种"弱人工智能"的服务或产品就在我们身边，早已应用于我们生活的方方面面，无时无刻不在为人类社会创造价值。比如语音助手，它集成在智能手机、智能音箱、轿车里甚至是我们的智能手表中。最常见的一种应用场景是，我们说"Hi Siri，帮我查查明天上海的天气"。这里面涉及机器如何听懂、理解人类的意图，然后在互联网上找到合适的数据，再回复给我们。

还有一个常见的应用场景是，机器人电话客服，相信大家平时都接到过一些推销电话（甚至是骚扰电话），电话那端能够对答如流，且和人类的语音、语调完全一样，我们有时甚至没有反应过来，和我们进行交流的其实只是一台机器——机器人电话客服。

这就是当前最接近大家普遍认知的人工智能，然而要让机器完全理解人类的自然语言还是"路漫漫其修远兮"，因为人类在表达的语言中有丰富的情感、隐喻等，所以自然语言处理一直被视为是人类征服人工智能的一座高峰。在网上可以搜索到很多关于自然语言处理（NLP）的相关内容，有兴趣的读者可以去查阅和了解。

人工智能的另外一个领域是计算机视觉（或称为机器视觉），它教计算机"看懂"一些人类交给它们的事物。比如在停车场出入口处汽车牌照的识别，以前需要雇一个专职人员天天守在出入口处进行登记，现在是一个摄像头即可搞定。

在购物的应用场景中，如 Amazon 的无人超市，可通过人脸识别了解顾客是否来过、以前有没有在这家超市购过物等，基于历史数据来给顾客推荐令他们心仪的商品，从而提供更好的购物体验。

除了这些身边"有形"的能看、能听的人工智能产品或服务，那些帮助人类做决策、做预测的人工智能系统也是人工智能技术的强项。

比如刷抖音的时候，后端服务器会学习用户的喜好，推荐越来越符合用户口味的视频。

再比如说专业性更高的医疗行业，你有没有想过，自己学医八年，从 20 岁到 28 岁，仍然有可能被新技术所取代。我一个朋友的儿子是学医疗影像专业的，在一家医院工作，有次一起交流的时候，我发现他对自己的前景充满了担忧，他说："一个影像科的医生，从学习到出师，需要十余年的时间。这些 X 光片或者 CT、核磁共振的片子及其诊断结果，如果让人工智能诊疗系统来进行判断，可能只需要几秒钟就能完成，而且机器诊断的准确率还会明显地高于人类医生，同时成本也更低"。

对于家庭生活场景中的应用，在每年的 CES（国际消费类电子产品展览会）中我们都会看到全球智能家居厂商发布的硬核产品。2019 年科沃斯发布了第一款基于视觉识别技术的扫地机器人 DG70，它可以识别家里的鞋子、袜子、垃圾桶、充电线，当然除了用到视觉识别系统之外，还需要机身上各种各样的传感器信息的融合处理，才能在复杂家居环境中清扫时合理避障。

3.2 人工智能的本质

先举一个简单的例子，如果我们需要让机器具备识别"狗"的智能：第一种方式是我们需要将狗的特征（毛茸茸、四条腿、有尾巴……）告诉机器，机器将满足这些规则的东西识别为狗；第二种方式是我们完全不告诉机器狗有什么特征，但我们给机器提供 10 万幅狗的图片，机器自己从已有的图片中学习到狗的特征，从而具备识别狗的智能。

其实，AI 在实现时其本质上都是一个函数。我们给机器提供目前已有的数据，机器从这些数据里去找出一个最能拟合（即最能满足）这些数据的函数，当有新的数据需要预测时，机器就可以通过这个函数去预测出这个新数据对应的结果是什么。

对于一个具备某种 AI 的模型而言，它有以下要素："数据"+"算法"+"模型"，理解了这三个词及其之间的关联，AI 的本质也就容易搞清楚了。

我们用一个能够区分猫和狗图片的分类器模型来辅助理解一下这三个词：

"数据"就是我们需要准备大量标注过是"猫"还是"狗"的图片。为什么要强调大量？因为只有数据量足够大，模型才能够学习到足够多且准确区分猫和狗的特征，才能在区分猫狗这个任务上，表现出足够高的准确性。当然，数据量不大的情况下，我们也可以训练模型，不过在新数据集上预测出来的结果往往就会差很多。

"算法"指的是构建模型时我们打算用浅层的网络还是深层的网络，如果是深层的话，我们要用多少层，每层有多少神经元、功能是什么，等等，也就是在深度学习的网络架构中确定预测函数应该采用什么样的网络结构及其层数。

我们用 $Y=f(W, X, b)$ 来表示这一函数，X 是已有的用来训练的数据（猫和狗的图片），Y 是已有的图片数据的标签（标注该图片是猫还是狗）。那么该函数中的 W 和 b 是什么呢？就是函数中的 W（权重）和 b（偏差），这两个参数需要机器学习后"自己"找出来的，找的过程也就是模型训练的过程。

"模型"指的我们把数据带入到算法中进行训练（train），机器会不断地学习，当机器找到最优 W（权重）和 b（偏差）后，我们就说这个模型是训练好了，于是函数 $Y=f(W, X, b)$ 就完全确定下来了。

然后，我们就可以在已有的数据集外给模型一幅新的猫或狗的图片，模型就能通过函数 $Y=f(W, X, b)$ 算出来这幅图究竟是猫还是狗，这也就是该模型的预测功能。

简单总结一下：不管是最简单的线性回归模型、还是较复杂的拥有几十个甚至上百个隐藏层的深度神经网络模型，其本质都是寻找一个能够良好地拟合目前已有数据的函数 $Y=f(W, X, b)$，并且我们希望这个函数在新的未知数据上也能够表现良好。

上面提到的科沃斯刚发布的 DG70 扫地机器人，只给它一只"眼睛"和有限个传感器，但却要求它可以识别日常家居物品：比如前方遇到的障碍物是拖鞋还是很重的家具脚，可不可以推过去？如果遇到了衣服、抹布这种奇形怪状的软布，扫地机器人还需要准确识别出来以避免被缠绕。

让扫地机器人完成图像识别大致需经过以下几个步骤：

（1）定义问题：根据扫地机器人的使用场景，需要识别家居场景中可能遇到的所有障碍物：家具、桌脚、抹布、拖鞋，等等。有了这些类别的定义，我们才可以训练一个多分类模型，针对扫地机器人眼前看到的物体进行分类，并且采取相应的规避动作。由于机器智能无法像人类一样去学习，去自我进化，去举一反三，因此当前阶段的机器智能，永远只能忠实执行人类交给它的任务。

（2）收集数据与训练模型：接下来去收集数据并标注数据。现在的深度神经网络动不动就是几百万个参数，具有非常强大的表达能力。因此需要大量标注的数据。在收集了有关图片之后，还需要人工标注员一个个去判断这些图片属于上面已定义类别中的某一类。因为标注需要人工来完成，所以这项工作的成本非常高，一个任务一年可能要花费上千万元。有了高质量的标注数据，才有可能有效驱动深度神经网络去"学习"真实的世界。

（3）这么复杂的人工智能运算在这个具体案例上是在本地机器上运行的。一方面是要保护用户的隐私，不能将用户数据上传到云端；另一方面，扫地是一个动态过程，很多运算对时效性要求非常高，稍有延迟扫地机器人就可能撞到墙壁了。

如上所述，就连简单的"识别拖鞋"都需要经过上面这么复杂的过程。所以，扫地机器人虽小，但其中涉及的技术堪比自动驾驶汽车涉及的技术。对于自动驾驶汽车来说，其信号收集的过程跟上面扫地机器人差不多。不过为了保证信号的精确程度，自动驾驶汽车除了图像视觉信号之外，车身会配备更多的传感器，用于精确感知周围的环境。

3.3 大名鼎鼎的神经网络

3.3.1 什么是神经元

要想了解神经网络，首先要知道什么是神经元。神经元也叫神经细胞，它的功能是接收某些形式的信号并对之做出反应，比如传导兴奋、处理并储存信息以及发生细胞之间的连接等。正因为神经元的这些功能，才使得人和动物能够对外界环境的变化做出反应。毋庸置疑，越高级的动物，神经元的个数和神经元之间的连接越复杂。如图 3-1 所示，神经元由树突、轴突、神经末梢等组成。神经元是人体神经系统的基本结构和功能单位，神经系统由无数个神经元相连而成，是一个非常复杂的网络系统。神经元间联系方式是互相接触，而不是细胞质的互相沟通。树突接收信息，并转换成电信号，轴突传输电信号及处理等，神经末梢对信息进行反应。一个神经元完成了一个信息接收、处理、输出的基本动作。1943 年，美国神经解剖学家 Warren McCulloch 和数学家 Walter Pitts 将神经元描述为一个具备二进制输出的逻辑门：传入神经元的冲动经整合使细胞膜电位提高，超过动作电位的阈值时即为兴奋状态，产生神经冲动，由轴突经神经末梢传出；传入神经元的冲动经整合后使细胞膜电位降低，低于阈值时即为抑制状态，不产生神经冲动。

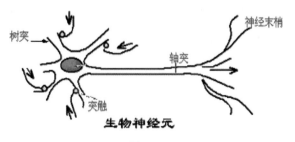

图 3-1

虚拟世界的神经网络模型只需一组数字就能构建出一个神经元，比如 5 个输入（树突），1 个输出（轴突）的神经元模型，只需要 7 个数字表示：5 个值表示每个输入的权重，1 个值表示阈值，1 个值表示神经元激发后的输出。单个神经元确实很简单，但要想想人脑是由一千亿个神经元连接起来的，量变引起质变。

神经元是神经网络的基本组成，如果把它画出来，如图 3-2 所示。

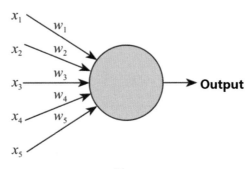

图 3-2

图中神经元左边的 x 表示对神经元的多个输入，w 表示每个输入对应的权重，神经元右边的箭头表示它仅有一个输出。神经网络技术起源于上世纪五六十年代，当时叫感知器（Perceptron）。单层感知器是一个只有一层的神经元，感知器有多个二进制输入（值只能是 0 或 1）x_1，x_2，$\cdots$，x_n，每个输入有对应的权值 w_1，w_2，$\cdots$，w_n，将每个输入值乘以对应的权值再求和（$\sum x_j w_j$），然后与一个阈值（threshold）比较，大于阈值则输出 1，小于阈值则输出 0。写成公式的话，如图 3-3 所示。

$$\text{output} = \begin{cases} 0 & \text{if } \sum_j w_j x_j \leqslant \text{threshold} \\ 1 & \text{if } \sum_j w_j x_j > \text{threshold} \end{cases}$$

图 3-3

如果把公式写成矩阵形式，再用 b 来表示负数的阈值，即 $b=-\text{threshold}$，那就得到了如图 3-4 所示的公式。

$$\text{output} = f(x) = \begin{cases} 0 & \text{if } wx + b \leqslant 0 \\ 1 & \text{if } wx + b > 0 \end{cases}$$

图 3-4

举个例子来说明，你所在的城市将有一个你的偶像的演唱会，你正犹豫是否观看，可以用神经元来决定，这个决策模型通常取决于 3 个因素：

◎ 天气好吗？

◎ 你的好朋友是否愿意陪你去？

◎ 这个活动地点的交通是否方便？（你自己没车，如果地铁直达最好。）

我们将这三个因素用对应的二进制变量 x_1、x_2 和 x_3 表示。比如，当天气还不错时 $x_1=1$，天气不好时 $x_1=0$；同样，如果好朋友愿意去，则 $x_2=1$，否则 $x_2=0$；对于公共交通 x_3 同理赋值。

然后根据你的意愿，比如让天气权重 $w_1=6$，其他条件权重分别为 $w_2=2$、$w_3=2$。权重 w_1 值越大表示天气影响越大，比起好朋友加入或者交通距离的影响都大。最后，假设你选择 5 作为感知器阈值（即 b 为 -5），按照这种选择，感知器就能实现这个决策模型。如果觉得这样设置不太适合你的个性，你可以自己调整模型参数，比如权重、阈值，直到感知器做出的决定能够代表你的个性为止。

其实，训练神经网络的目的就是通过训练过程来得到这些权重 w 和阈值 b。这些 w 和 b 可以让神经网络得到一项判断能力和一项预测能力。比如输入一幅猫或狗的图片，神经网络根据训练好的 w 和 b，通过上面的公式根据每个像素的值以及与其对应的权重值和阈值来判定这幅图里是猫还是狗。神经网络就是这样来进行预测的，它和我们人类的思考方式是一样的。虽然我们人可以做出非常复杂的判断，但是基本原理很简单。人为什么能轻松分辨出一幅图片中是否有猫？因为我们人脑就是一个巨型的神经网络，这个神经网络里面包含了数亿甚至更多的神经元，每个神经元都可以接收多个输入。在日常生活中，小孩子通过大人的教导，不断地看见猫，神经元对于这个输入就形成了很多特定的 w，所以当再次看见一只猫时，这个输入（这只猫）与相应的 w 联合起来进行运算后，其结果就指示了这个输入是一只猫。

3.3.2 什么是激活函数

对于生物学上的神经元来说，它只有两个状态："1"对应神经元兴奋；"0"对应神经元抑制。类比生物学的神经元，信号从人工神经网络中的上一个神经元传递到下一个神经元的过程中，信号必须足够强，才能激发下一个神经元的动作电位，使其产生兴奋。激活函数的作用与之类似，神经元的输入和输出之间具有函数关系，这个函数就称为激活函数。当信息到达完成计算之后，这个值不会直接传递给下一层，而是需要经过一个激活函数，将激活函数的值传递给下一层。这里的激活函数也叫点火规则，这使它与人脑的工作联系起来。当一个神经元的输入足够大时，就会点火，也就是从它的轴突（输出连接）发送电信号。同样，在人工神经网络中，只有输入超过一定标准时才会产生输出。

在神经网络中使用激活函数的原因有很多，除了前面讨论过的生物学方面的相似性外，激活函数还有助于我们根据要求将神经元的输出值限定在一定的范围内。这一点很重要，因为如果输出值不被限定在某个范围内，它可能会变得非常大，特别是在具有数百万个参数的深层神经网络中，从而导致计算量过大。常用的 sigmoid 激活函数，其区间是 [0,1]，当神经元的输出为 1 时，表示该神经元被激活，否则为未被激活。如果我们遇到的是多类型分类问题，则使用 softmax 激活函数可以轻松地为每个类别分配值，并且可以很容易地将这个值转化为概率。

3.3.3　什么是深度神经网络

到目前为止，我们已经介绍完了神经元和激活函数，它们是构建任意神经网络的基本构件。

最简单的神经网络模型由单个神经元组成，或称为感知器。它由弗朗克·罗森布拉特（Frank Rossenblatt）于 1957 年发明，它包括一个简单的神经元，对输入的加权和进行函数变换（在生物神经元中是枝状突起），并输出其结果（输出等同于生物神经元的轴突），如图 3-5 所示。

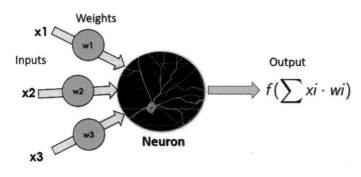

图 3-5

单个神经元的图像，左边为输入，乘以每个输入的权重，神经元将函数变换应用于输入的加权和并输出结果。单层感知器具有一定的局限，只能用于二元分类，且无法学习比较复杂的非线性模型，因此实际应用中的感知器模型往往更加复杂。将多个单层感知器进行组合，得到一个多层感知器（Multilayer Perceptron，MLP）结构。

机器学习有很多经典算法，其中有一个叫作"神经网络"的算法。神经网络最初是一个生物学的概念，一般是指大脑神经元、触点、细胞等组成的网络，用于产生意识，帮助生物思考和行动，后来人工智能受神经网络的启发，发展出了人工神经网络（Artificial Neural Networks，ANN）。"人工神经网络"是指由计算机模拟的"神经元"一层一层组成的系统。这些"神经元"与人类大脑中的神经元相似，通过加权连接相互影响，并通过改变连接上的权重来改变神经网络执行的计算。

多层感知器也叫人工神经网络，简单地说，就是将多个神经元连接起来组成一个网络。当以这种方式构建网络时，不属于输入层（Input Layer）或输出层（Output Layer）的神经元叫作隐藏层（Hidden Layer），正如它们的名称所描述，隐藏层是一个黑盒模型，特点是有多层，且神经元之间是全连接的，即后一层的神经元会连接到前一层的每个神经元（这里定义一下从输入层到输出层为从"后"向"前"）。

一个多层感知器的示意图如图 3-6 所示。网络的最左边一层被称为输入层，其中的神经元被称为输入神经元。最右边及输出层包含输出神经元，在这个例子中，只有一个单一的输出神经元，但一般情况下输出层也会有多个神经元。中间层被称为隐藏层，因为里面的神经元既不是输入也不是输出。隐藏层是整个神经网络最为重要的部分，它可以是一层，也可以是 N 层，隐藏层的每个神经元都会对数据进行处理。

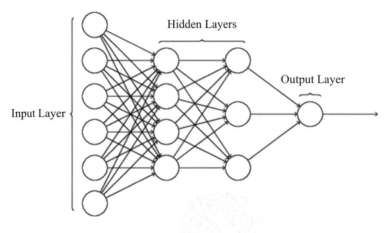

图 3-6

想象一下，足够多的神经元，足够多的层级，恰到好处的模型参数，神经网络威力暴增。而具有超过一个隐藏层的神经网络通常被叫作深度神经网络（Deep Neural Networks，DNN）。

一个神经网络的搭建，需要满足三个条件：输入和输出、权重（w）和阈值（b）、多层感知器的结构。其中，最困难的部分就是确定权重（w）和阈值（b）。目前为止，这两个值都是主观给出的，在现实中很难估计它们的值，有一种方法可以找出答案，这种方法就是试错法。其他参数都不变，w（或 b）的微小变动记作 Δw（或 Δb），然后观察每一次的微小变动时输出有什么变化。不断重复这个过程，直至得到最精确输出的那组对应的 w 和 b，就是我们要找的值，这个过程称为模型的训练。可以看到，整个过程需要海量计算。所以，神经网络直到最近这几年才有实用价值，而且一般的 CPU 还不行，要使用专门为机器学习定制的 GPU（Graphics Processing Unit，图形处理器）来计算。

我们通过一个车牌自动识别的例子来解释神经网络。所谓"车牌自动识别"，就是摄像头拍下车牌照片，计算机识别出照片里的数字。在这个例子里面，车牌照片就是输入，车牌号码就是输出，照片的清晰度可以设置为权重（w），然后找到一种或多种图像比对算法作为感知器。算法得到的结果是一个概率，比如 75% 的概率可以确定是数字 1。这就需要设置一个阈值（b），低于这个阈值结果就无效。一组已经识别好的车牌照片，作为训练集数据输入模型。不断调整各种参数，直至找到正确率最高的参数组合。以后拿到新照片，就可以直接给出结果了。

在过去的二十年中，各种类型的可用数据量以及我们的数据存储和处理机器（即计算机）的功能都呈指数级增长。计算力的增加，以及用于训练模型的可用数据量的大量增加，使我们能够创建更大、更深的神经网络，这些深度神经网络的性能优于较小的神经网络。传统的机器学习算法的性能会随着训练数据集的增大而增加，但是当数据集增大到某一点之后，算法的性能会停止上升。数据集大小超过这一值之后，即便为模型提供了更多的数据，传统模型却不知道如何去处理这些附加的数据，从而性能得不到进一步的提高。而神经网络则不然，神经网络的性能总是随着数据量的增加而增加（前提是这些数据质量良好），随着网络大小的增加，训练的速度也会加快。

最初的神经网络是感知器模型，可以认为是单层神经网络，但由于感知器算法无法处理多分类问题和线性不可分问题，当时计算能力也落后，导致对神经网络的研究沉寂了一段时间。2006 年，Geoffrey Hinton 在科学杂志 *Science* 上发表了一篇文章，不仅解决了神经网络在计算上的难度，同时也说明了深度神经网络在学习上的优异性。深度神经网络的"深度"指的是这个神经网络的复杂度，神经网络的层数越多就越复杂，它所具备的学习能力就越深。从此神经网络重新成为机器学习界中主流且强大的学习技术，同时具有多个隐藏层的神经网络被称为深度神经网络，基于深度神经网络的学习研究则被称为深度学习（Deep Learning，DL）。

如图 3-7 所示，神经网络与深度神经网络的区别在于隐藏层级。神经网络一般有输入层、隐藏层和输出层，一般来说隐藏层大于 2 的神经网络就叫作深度神经网络。深度学习就是采用像深度神经网络这种深层架构的一种机器学习方法，它的实质就是通过构建具有很多隐藏层的机器学习模型和海量的训练数据，来学习更有用的特征，从而最终提升分类或预测的准确性。

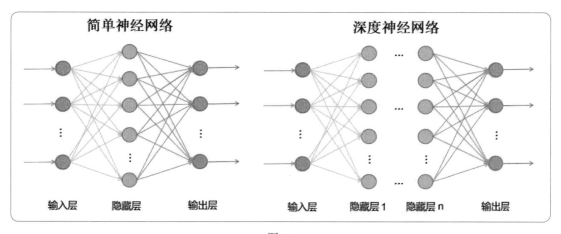

图 3-7

有"计算机界诺贝尔奖"之称的 ACM AM 图灵奖（ACM A.M. Turing Award）公布 2018 年获奖者为引起这次人工智能革命的三位深度学习之父——蒙特利尔大学教授 Yoshua Bengio、多伦多大学名誉教授 Geoffrey Hinton 和纽约大学教授 Yann LeCun，他们使深度神经网络成为计算的关键。ACM 这样介绍他们三人的成就：Hinton、LeCun 和 Bengio 三人为深度神经网络这一领域建立起了概念基础，通过实验揭示了神奇的现象，还贡献了足以展示深度神经网络实际进步的工程进展。

3.3.4 什么是卷积神经网络

图像中有一只猫，但是计算机可以真正看到猫吗？答案是否定的，计算机看到的是数字矩阵（0~255），人看到的是图像。所谓"图像识别"，就是从一大堆数字中找出规律。在图像识别和其他很多问题上，卷积神经网络（Convolutional Neural Networks，CNN）取得了当前最好的效果，因此其被广泛用于各个领域。

人的大脑在识别图片的过程中，并不是一下子识别整幅图，而是首先局部感知图片中的每一个特征，然后在更高层次对局部进行综合处理，从而得到全局信息。比如，人首先理解的是颜色和亮度，然后是边缘、角点、直线等局部细节特征，接下来是纹理、几何形状等更复杂的信息和结构，最后形成整个物体的概念。

深度学习的许多研究成果离不开对大脑认知原理的研究，尤其是视觉原理的研究。卷积神经网络发展历史中的第一件里程碑事件是科学家通过对猫的视觉皮层细胞研究发现，每一个视觉神经元只会处理一小块区域的视觉图像，即感受野（Receptive Field）。动物大脑的视觉皮层具有分层结构，眼睛将看到的景象成像在视网膜上，视网膜把光学信号转换成电信号，传递到大脑的视觉皮层，视觉皮层是大脑中负责处理视觉信号的部分。感谢 David Hubel（出生于加拿大的美国神经生物学家）和 Torsten Wiesel，他们的主要贡献是"发现了视觉系统的信息处理"，即可视皮层是分级的。他们做了实验，在猫的大脑初级视觉皮层内插入电极，在猫的眼前展示各种形状、空间位置、角度的光带，然后测量猫大脑神经元放出的电信号。实验发现，不同的神经元对空间位置和方向偏好不同。他们的研究成果最终获得了诺贝尔奖。

人类的视觉原理如下：从原始信号摄入开始（瞳孔摄入像素（Pixels）），接着做初步处理（大脑皮层某些细胞发现边缘和方向），然后抽象（大脑判定眼前物体的形状是圆形的），然后进一步抽象（大脑进一步判定该物体是只气球）。对于不同的物体，人类视觉也是通过这样逐层分级来进行认知的：最底层特征基本类似，就是各种边缘；越往上，越能提取出此类物体的一些特征（轮子、眼睛、躯干等）；到最上层，不同的高级特征最终组合成相应的图像，从而能够让人类准确地区分不同的物体。

那么我们可以很自然地想到：可不可以模仿人类大脑的这个特点，构造多层的神经网络，较低层的识别初级的图像特征，若干底层特征组成更上一层特征，通过多个层级的组合，最终在顶层做出分类呢？答案是肯定的，这也是卷积神经网络的灵感来源。卷积神经网络可以看成是上面这种机制的简单模仿。每当我们看到某些东西时，一系列神经元被激活，每一层都会检测到一组特征，如线条、边缘。高层次的层将检测更复杂的特征，以便识别我们所看到的内容。

典型的卷积神经网络由三部分构成：卷积层、池化层、全连接层。卷积层负责提取图像中的局部特征：网络前面的卷积层捕捉图像局部、细节信息，后面的卷积层用于捕获图像更复杂、更抽象的信息。经过多个卷积层的运算，最后得到图像在不同尺度的抽象表示。

池化层用来大幅降低参数量级，减少计算量。全连接层类似传统神经网络的部分，用来输出想要的结果。

在卷积神经网络出现之前，图像对于人工智能来说是一个难题，有两个原因：一个是图像需要处理的数据量太大，导致成本很高，效率很低；另一个是图像在数字化的过程中很难保留原有的特征，导致图像处理的准确率不高。

图像是由像素构成的，每个像素又是由颜色构成的。现在随随便便一幅图片都是 1000×1000 像素以上的，每个像素都有 RGB 3 个参数来表示颜色信息。假如我们处理一幅 1000×1000 像素的图片，我们就需要处理 300 万个参数！这么大量的数据处理起来非常消耗资源，而且这只是一幅不算太大的图片！CNN 解决的第一个问题就是"将复杂问题简化"，把大量参数降维成少量参数，再做处理。更重要的是：在大部分场景下，降维并不会影响结果。比如 1000 像素的图片缩小成 200 像素，并不影响肉眼认出来图片中是一只猫还是一只狗，机器也是如此。

另外，假如一幅图像中有圆形是 1，没有圆形是 0，圆形的位置不同就会产生完全不同的数据表达。但是从视觉的角度来看，图像的内容（本质）并没有发生变化，只是位置发生了变化。所以当我们移动图像中的物体时，用传统的方式得出来的参数会差异很大！这是不符合图像处理的要求的。而 CNN 解决了这个问题，它用类似视觉的方式保留了图像的特征，当图像翻转、旋转或者变换位置时，它也能有效地识别出来是类似的图像。

2012 年，在有计算机视觉界"世界杯"之称的 ImageNet 图像分类竞赛中，Geoffrey E. Hinton 等人凭借卷积神经网络一举夺得该竞赛冠军，霎时间学界业界为之一振。自此便揭开了卷积神经网络在计算机视觉领域逐渐称霸的序幕，此后每年 ImageNet 竞赛的冠军非卷积神经网络莫属。近年来，随着神经网络特别是卷积神经网络相关领域研究人员的增多、技术的日新月异，卷积神经网络蓬勃发展，被广泛用于各个领域，在很多问题上都取得了当前最好的性能。

那 DNN 和 CNN 的区别呢？我们已经知道 DNN 是指深度神经网络，它是一个很广泛的概念，某种意义上，CNN 都在其范畴之内。DNN 是指包含多个隐藏层的神经网络。"卷积"和"深度"是神经网络互相独立的两个性质；"卷积"指的是前端有卷积层，"深度"指的是网络有很多层（理论上讲，有两个隐藏层就可以叫"深度"了）。

3.4　自然语言处理

3.4.1　什么是自然语言处理

自然语言处理技术是人工智能的一个重要分支，其目的是利用计算机对自然语言进行智能化处理。AI 时代，我们希望计算机拥有视觉、听觉、语言和行动的能力，其中语言是人类区别于动物的最重要特征之一，语言是人类思维的载体，也是知识凝练和传承的载体。在人工智能领域，研究自然语言处理技术的目的就是让机器理解并生成人类的语言，从而和人类平等流畅地沟通交流。由于自然语言是人类区别于其他动物的根本标志，没有语言，人类的思维也就无从谈起，所以自然语言处理体现了人工智能的最高任务与境界，也就是说，只有当计算机具备了处理自然语言的能力时，机器才算实现了真正的智能。

从研究内容来看，自然语言处理包括语法分析、语义分析、篇章理解等。从应用角度来看，自然语言处理具有广泛的应用前景。特别是在信息时代，自然语言处理的应用包罗万象，例如：机器翻译、手写体和印刷体字符识别、语音识别及文语转换、信息检索、信息抽取与过滤、文本分类与聚类、舆情分析和观点挖掘等，它涉及与语言处理相关的数据挖掘、机器学习、知识获取、知识工程、人工智能研究和与语言计算相关的语言学研究等。

值得一提的是，自然语言处理的兴起与机器翻译这一具体任务有着密切联系。机器翻译指的是利用计算机自动地将一种自然语言翻译为另外一种自然语言。《圣经》里有一个故事说巴比伦人想建造一座塔直通天堂，建塔的人都说着同一种语言，心意相通、齐心协力。上帝看到人类竟然敢做这种事情，就让他们的语言变得不一样。因为人们听不懂对方在讲什么，于是大家整天吵吵闹闹，无法继续建塔。后来人们把这座塔叫作巴别塔，而"巴别"的意思就是"分歧"。虽然巴别塔停建了，但一个梦想却始终萦绕在人们心中：人类什么时候才能拥有相通的语言重建巴别塔呢？机器翻译被视为"重建巴别塔"的伟大创举。假如能够实现不同语言之间的机器翻译，我们就可以理解世界上任何人说的话，与他们进行交流和沟通，再也不必为相互不能理解而困扰。

事实上，人工智能被作为一个研究问题正式提出来的时候，创始人把计算机国际象棋和机器翻译作为两个标志性的任务，认为只要国际象棋系统能够打败人类世界冠军，机器翻译系统达到人类翻译水平，就可以宣告人工智能的胜利。IBM 公司的深蓝超级计算机已经能够打败国际象棋世界冠军卡斯帕罗夫，而机器翻译到现在仍无法与人类翻译水平相比，从此可以看出自然语言处理有多么困难！

3.4.2 自然语言处理的难点和挑战

自然语言处理的困难可以罗列出来很多，解决的关键在于消除歧义问题，如词法分析、句法分析、语义分析等过程中存在的歧义问题，简称为消歧。而正确地消歧需要大量的知识，包括语言学知识（如词法、句法、语义、上下文等）和世界知识（与语言无关）。这带来自然语言处理的两个主要困难。

首先，语言中充满了大量的歧义，这主要体现在词法、句法及语义三个层次上。歧义的产生是由于自然语言所描述的对象——人类活动非常复杂，而语言的词汇和句法规则又是有限的，这就造成同一种语言形式可能具有多种含义。

例如，单词定界问题是属于词法层面的消歧任务。在口语中，词与词之间通常是连贯说出来的，没有边界。在书面语中，中文等语言也没有词与词之间的边界。由于单词是承

载语义的最小单元，要解决自然语言处理，首要任务是解决单词的边界界定问题。特别是中文文本通常由连续的字符序列组成，词与词之间缺少天然的分隔符，因此中文信息处理比英文等西方语言多一步工序，即确定词的边界，我们称为"中文自动分词"任务。通俗地说，就是要由计算机在词与词之间自动加上分隔符，从而将中文文本切分为独立的单词。例如一个句子"今天天气晴朗"，其带有分隔符的切分文本是"今天 | 天气 | 晴朗"。中文自动分词处于中文自然语言处理的底层，是公认的中文信息处理的第一道工序，扮演着重要的角色，主要存在新词发现和歧义切分等问题。我们注意到：正确的单词切分取决于对文本语义的正确理解，而单词切分又是理解语言的第一道工序。这样的一个"鸡生蛋、蛋生鸡"的问题自然成了（中文）自然语言处理的第一条拦路虎。

其他级别的语言单位也存在着各种歧义问题。例如在短语级别上，"进口彩电"可以理解为动宾关系（从国外进口了一批彩电），也可以理解为偏正关系（从国外进口的彩电）。又如在句子级别上，"做手术的是她的父亲"可以理解为她父亲生病了需要做手术，也可以理解为她父亲是医生在帮别人做手术。总之，同样一个单词、短语或者句子有多种可能的理解，表示多种可能的语义。如果不能解决好各级语言单位的歧义问题，我们就无法正确理解语言要表达的意思。

其次，消除歧义所需要的知识在获取、表达以及运用上存在困难。由于语言处理的复杂性，导致难以设计合适的语言处理方法和模型。

例如上下文知识的获取问题。在试图理解一句话的时候，即使不存在歧义问题，我们也需要考虑上下文的影响。所谓的"上下文"指的是当前所说这句话所处的语言环境，例如说话人所处的环境，或者是这句话的前几句话或者后几句话，等等。

假如当前这句话中存在指代词的时候，我们需要通过这句话前面的句子来推断这个指代词指的是什么。我们以"小明欺负小亮，因此我批评了他"为例。第二句话中的"他"是指代"小明"还是"小亮"呢？要正确理解这句话，我们就要理解上句话"小明欺负小亮"意味着"小明"做得不对，因此第二句中的"他"应当指代的是"小明"。由于上下文对于当前句子的暗示形式是多种多样的，因此如何考虑上下文影响问题是自然语言处理中的主要困难之一。

例如背景知识问题，正确理解人类语言还要有足够的背景知识。举一个简单的例子，在机器翻译研究的初期，人们经常举一个例子来说明机器翻译任务的艰巨性。在英语中"The spirit is willing but the flesh is weak"，意思是"心有余而力不足"。但是当时的某个机器翻译系统将这句英文翻译为俄语，然后再翻译回英语的时候，却变成了"The Voltka is strong but the meat is rotten"，意思是"伏特加酒是浓的，但肉却腐烂了"。从字面意义上看，"spirit"（烈性酒）与"Voltka"（伏特加）对译似无问题，而"flesh"和"meat"也都有肉的意思。那么这两句话在意义上为什么会南辕北辙呢？问题的关键就在于在翻译的过程中，机器翻译系统对于英语成语并无了解，仅仅是从字面上进行翻译，结果自然失之毫厘，谬以千里。

从上面的两个方面的主要困难可以看出，自然语言处理这个难题的根源就是人类语言的复杂性和语言描述的外部世界的复杂性。人类语言承担着人类表达情感、交流思想、传播知识等重要功能，因此需要具备强大的灵活性和表达能力，而理解语言所需要的知识又是无止境的。那么目前人们是如何尝试进行自然语言处理的呢？

3.4.3 自然语言处理发展趋势

目前，人们主要通过两种思路来进行自然语言处理，一种是基于规则的理性主义，另外一种是基于统计的经验主义。理性主义方法认为，人类语言主要是由语言规则来产生和描述的，因此只要能够用适当的形式将人类语言规则表示出来，机器就能够理解人类语言，并实现语言之间的翻译等各种自然语言处理任务。而经验主义方法则认为，从语言数据中获取语言统计知识，有效建立语言的统计模型，只要机器有足够多的用于统计的语言数据，就能够理解人类语言。

然而，当现实世界充满模糊与不确定性时，这两种方法都面临着各自无法解决的问题。例如，人类语言虽然有一定的规则，但是在真实使用中往往伴随大量的噪音和不规范性。理性主义方法的一大弱点就是鲁棒性差，只要与规则稍有偏离便无法处理。而对于经验主义方法而言，又不能无限地获取语言数据进行统计学习，因此也不能够完美地理解人类语言。

20世纪80年代以来的趋势就是，基于语言规则的理性主义方法不断受到质疑，大规模语言数据处理成为目前和未来一段时期内自然语言处理的主要研究目标。统计学习方法越来越受到重视，自然语言处理中越来越多地使用机器自动学习的方法来获取语言知识。

迈进21世纪，我们已经进入以互联网为主要标志的海量信息时代，这些海量信息大部分是以自然语言表示的。一方面，海量信息也为计算机学习人类语言提供了更多的"素材"，另一方面，这也为自然语言处理提供了更加宽广的应用舞台。同时，人们逐渐意识到，单纯依靠统计方法已经无法快速有效地从海量数据中学习语言知识，只有同时充分发挥基于规则的理性主义方法和基于统计的经验主义方法的各自优势，两者互相补充，才能够更好、更快地进行自然语言处理。

3.5 语音识别

语音识别技术，也被称为自动语音识别（Automatic Speech Recognition，ASR），其目标是将人类语音中的词汇内容转换为计算机可读的输入，例如按键、二进制编码或者字符序列。与说话人识别及说话人确认不同，后者尝试识别或确认发出语音的说话人而非其中所包含的词汇内容。

首先，我们知道声音实际上是一种波。常见的MP3等格式都是压缩格式，必须转成非压缩的纯波形文件来处理，比如Windows PCM文件，也就是俗称的WAV文件。WAV文件里存储的除了一个文件头以外，就是声音波形的一个个点了。如图 3-8 所示是一个波形的示例。

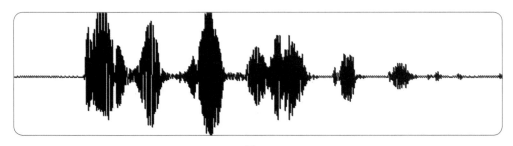

图 3-8

在开始语音识别之前，需要把首尾端的静音切除，降低对后续步骤造成的干扰。这个静音切除的操作一般称为语音活动检测（Voice Activity Detection，VAD）。语音识别中最常用的可能就是语音听写，就是把语音变成对应语言对应内容的文字，如图 3-9 所示。

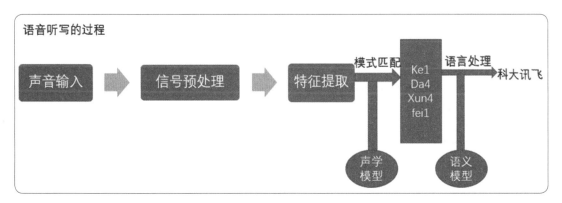

图 3-9

就以中文语音听写为例简单讲一下笔者的个人理解。听写大致的过程：从语音信号的输入开始，需要做 VAD、降噪、回声消除、声音分帧（即把声音切开成一小段一小段，每小段称为一帧）等语音预处理，特征提取主目的是把每一帧波形变成一个包含声音信息的多维向量，将特征放到声学模型（声学模型是通过对语音数据进行训练获得，输入是特征向量，输出为音素信息）中做声学匹配，可以得到输入语音的发音信息（可以简单理解为拼音），然后将发音信息放到语言模型（语言模型是通过对大量文本信息进行训练，得到单个字或者词相互关联的概率）中匹配，可以得到该模型下置信度最高的文字结果。

我们可以明显地发现，整个听写识别过程中两个匹配模型是核心步骤，在网络上经常看到的机器学习、各种神经网络如 CNN 等，就是在这个核心步骤中发挥作用，这样语音识别过程基本上就完成了。

3.6 机器学习与深度学习

3.6.1 什么是机器学习

众所周知，机器学习是一种利用数据训练出模型，然后使用模型预测的方法。与传统的为解决特定任务而硬编码的软件程序不同，机器学习使用大量的数据来"训练"，通过各种算法从数据中学习如何完成任务。举个简单的例子，当我们浏览网上商城时，经常会出现商品推荐信息。这是商城根据你往期的购物记录和长长的收藏清单，识别出其中哪些是你真正感兴趣并且愿意购买的产品。这样的决策模型，可以帮助商城为客户提供建议并鼓励产品消费。

机器学习是人工智能的子领域，机器学习理论主要是设计和分析一些让计算机可以自动学习的算法。

举个例子，要构建一个识别猫的程序。传统上如果我们想让计算机进行识别，需要输入一串指令，例如猫是毛茸茸的，头顶有一对三角形的耳朵等，然后计算机根据这些指令执行下去。但是，如果我们对程序展示一只老虎的照片，程序应该如何反应呢？更何况通过传统方式要制定全部所需的规则，而且在此过程中必然会涉及一些困难的概念，比如对毛茸茸的定义。因此，更好的方式是让机器自学。我们可以为计算机提供大量的猫的照片，系统将以自己特有的方式查看这些照片。随着实验的反复进行，系统会不断学习更新，最终能够准确地判断出哪些是猫，哪些不是猫。

我们不给机器规则，取而代之，我们提供给机器大量的针对某一任务的数据，让机器自己去学习，继而挖掘出规律，从而具备完成某一任务的智能。机器学习是通过算法使用大量数据进行训练，训练完成后会产生模型，将来有新的数据提供时，我们可以用训练产生的模型进行预测。

机器学习的常用方法，主要分为有监督式学习（Supervised Learning）和无监督式学习（Unsupervised Learning）。

1. 监督式学习

监督式学习就是人们常说的分类，需要使用有输入标记和预期输出标记的数据集。比如，指定的任务是使用一种图像分类算法对男孩和女孩的图像进行分类，那么男孩的图像需要带有"男孩"标签，女孩的图像需要带有"女孩"标签。这些数据被认为是一个"训练"数据集，通过已有的训练数据集（即已知数据以及其对应的输出）去训练，从而得到一个最优模型，这个模型就具有了对未知数据进行分类的能力。它之所以被称为监督式学习，是因为算法从训练数据集学习的过程就像是一位老师正在监督学习。在我们预先知道正确的分类答案的情况下，算法对训练数据不断进行迭代预测，然后预测结果由"老师"进行不断修正。当算法达到可接受的性能水平时，学习过程才会停止。

在人对事物的认识中，孩子从小就被大人们教授这是鸟、那是猪、那是房子，等等。孩子所见到的景物就是输入数据，而大人们对这些景物的判断结果（是房子还是鸟）就是相应的输出。当孩子见识多了以后，脑子里就慢慢地得到了一些泛化的模型，这就是训练得到的那个（或者那些）函数，从而不需要大人在旁边指点，孩子也能分辨出来哪些是房子，哪些是鸟。

2. 无监督式学习

无监督式学习（也有人叫非监督学习，反正都差不多）则是另一种研究得比较多的学习方法，它与监督式学习的不同之处在于事先没有任何训练样本，而需要直接对数据进行建模。这听起来似乎有点不可思议，但是在我们自身认识世界的过程中，很多地方都用到了无监督式学习。比如，去参观一个画展，我们对艺术完全一无所知，但是在欣赏完多幅作品之后，我们也能把它们分成不同的派别（比如哪些更朦胧一点，哪些更写实一些，即使我们不知道什么叫作朦胧派，什么叫作写实派，但是至少我们能把它们分为两类）。

3.6.2　什么是深度学习

要说明什么是深度学习，首先要知道机器学习、神经网络、深度学习之间的关系。

如图 3-10 所示，深度学习属于机器学习的子类。它的灵感来源于人类大脑的工作方式，是利用深度神经网络来解决特征表达的一种学习过程。深度神经网络本身并非是一个全新的概念，可理解为包含多个层的神经网络结构。为了提高深度神经网络的训练效果，人们对神经元的连接方法以及激活函数等方面做出了调整，其目的在于建立模拟人脑进行分析学习的神经网络，模仿人脑的机制来解释数据，如文本、图像、声音等。

图 3-10

如果是传统机器学习的方法，我们首先会定义一些特征，比如有没有胡须，耳朵、鼻子、嘴巴的模样等。总之，我们首先要确定相应的"面部特征"作为机器学习的特征，以此来对对象进行分类识别。

现在，深度学习的方法则更进一步。深度学习会自动找出这个分类问题所需要的重要特征！而传统机器学习则需要我们人工地给出特征！

那么，深度学习是如何做到这一点的呢？以猫狗识别的例子来说，按照以下步骤：

（1）首先确定有哪些边和角跟识别出猫和狗的关系最大。

（2）然后根据上一步找出的很多小元素（边、角等）构建层级网络，找出它们之间的各种组合。

（3）在构建层级网络之后，就可以确定哪些组合可以识别出猫和狗。

深度学习的"深"是因为它通常会有较多的层，正是因为有那么多层存在，深度学习网络才拥有表达更复杂函数的能力，也才能够识别更复杂的特征，继而完成更复杂的任务。

深度学习十分依赖高端的硬件设施，因为计算量实在太大了！深度学习中涉及很多的矩阵运算，因此很多深度学习都要求有 GPU 参与运算，因为 GPU 就是专门为并行运算而设计的。CPU 擅长逻辑控制与串行的运算，GPU 擅长的是大规模并发计算。传统的机器学习算法只需要一个体面的 CPU，就可以训练得很好。深度网络需要高端 GPU 在大量数据的合理时间内进行训练，这些 GPU 非常昂贵，但是如果没有使用它们训练深层网络来实现高性能，那在训练实际上就会不可行。

3.7　人工智能和元宇宙

乔布斯曾提出一个著名的"项链"比喻，iPhone 的出现串联了多点触控屏、iOS、高像素摄像头、大容量电池等单点技术，重新定义了手机，开启了激荡十几年的移动互联网时代。现在，随着算力持续提升，VR/AR、区块链、人工智能等技术创新逐渐融合，元宇宙也走向了"iPhone 时刻"。其中，人工智能更是出演关键角色，对元宇宙的发展具有重要的作用。

元宇宙第一股 Roblox 公司认为，"元宇宙应具备八大要素，分别是：身份、朋友、沉浸感、随地、多元化、低延迟、经济、文明"。其中，在沉浸感和多元化方面，计算机视觉、机器学习、自然语言处理、语音识别等人工智能技术的发展，将为元宇宙带来全新的真实感，并会对以下六个用例产生影响。

（1）创建更精准的头像

用户是元宇宙的关键参与者，用户的头像将决定着自身和其他参与者的体验质量。人工智能可以分析 2D 用户图像或 3D 扫描，以创建非常逼真的虚拟再现。人工智能可以绘制出一系列面部表情、情绪、发型、年龄引起的特征等，使头像更加生动。

（2）数字人类

数字人类是存在于虚拟世界中的聊天机器人的 3D 版本，它们不是真人的精确复制品。相反，它们更像是视频游戏中支持 AI 的非玩家角色，可以在虚拟现实世界中对用户的活动做出反应。数字人类是完全使用人工智能技术创造的，对于虚拟世界的场景至关重要。

（3）多语言可访问性

人工智能可以帮助分解自然语言，将它们转换成机器可读的格式，进行分析，得出响应，然后将结果转换回自然语言，并传达给用户，整个过程发生在一瞬间。

（4）虚拟世界的大规模扩张

当给人工智能输入历史数据时，人工智能会从以前的输出中学习并尝试生成自己的结果。有了新的输入、人类反馈和机器学习的强化，人工智能的输出将随着时间的推移而提高。最终，人工智能将能够执行任务并提供与人类几乎一样的输出。

（5）易于使用的接口

人工智能可以协助人机交互。当用户戴上一个高科技的、支持人工智能的 VR 头盔时，传感器会识别和预测用户的肌肉模式，从而准确地知道用户想如何在虚拟世界中移动。人工智能可以帮助用户在 VR 中重现真实的触觉，还可以支持语音导航，因此用户可以与虚拟对象进行交互，而无须使用手控制器。

（6）辅助用户创作

构建元宇宙最大的挑战之一是如何创建足够的高质量内容，专业创作的成本高得惊人。3A 大作往往需要几百人的团队数年的投入，而 UGC 平台也面临质量难以保证的困难。为此，内容创作的下一个重大发展将是转向人工智能来辅助人类创作。

虽然今天只有少数人可以成为创作者，但这种人工智能补充模型将使内容创作完全民主化。在人工智能的帮助下，每个人都可以成为创作者，这些工具可以将高级指令转换为生产结果，完成编码、绘图、动画等繁重工作。除创作阶段外，在元宇宙内部也会有 NPC 参与社交活动。这些 NPC 会有自己的沟通决策能力，从而进一步丰富数字世界。

可以说，人工智能将会贯穿元宇宙整条生态链。如果没有人工智能，就很难创造出引人入胜、真实且可扩展的虚拟世界体验。

第4章
元宇宙的数字资产确权解决方案 NFT

NFT 即非同质化代币，主要用于证明数字资产的唯一归属权，目前主要应用于游戏、艺术品、收藏品、虚拟资产、身份特征、数字音乐、数字证书等领域。去年 NFT 关注度及交易活跃度均实现爆发式增长，NFT 是连接数字资产与现实世界的桥梁，为元宇宙内数字资产的产生、确权、定价、流转、溯源等环节提供了底层支持，NFT 的成熟发展将进一步加速元宇宙经济系统的落地。

4.1 NFT 的意义和价值

4.1.1 NFT 现象级案例

你愿意为一款虚拟球鞋、虚拟影像买单吗？你愿意花 6900 万美元（约 4.5 亿人民币）买一副虚拟画像吗？今年 3 月份，艺术家 Beeple 的 NFT 作品 *Everydays：The First 5000 Days*，在英国拍卖平台佳士得售出，这幅作品的中标价高达 6900 万美元，目前是在世艺术家所拍卖作品中，售价排名第三。

如图 4-1 所示的是 NFT 作品，它的作者是美国数字艺术图像设计师 Beeple。Beeple 从 2007 年 5 月 1 日开始，每天都创作一幅数字图片，不间断地维系了 13 年之久，将它们组合集结在一起产出 *Everydays：The first 5000 days* 这个作品。得标者将会收到 *Everydays：The first 5000 days* 图片以及一枚 NFT，该 NFT 奠基于区块链技术，存放了数字作品的元资料信息、原作者的签章以及所有权的历史记录，而且它是独一无二的，佳士得拍卖行将把代表 *Everydays： The first 5000 days* 所有权的 NFT 寄到得标者的加密货币账号内。

另外，2021 年 8 月 27 日，NBA 金州勇士队球星史蒂芬•库里（Stephen Curry）在推特更新了自己的 BAYC NFT 头像（BYAC 全称是 Bored Ape Yacht Club，是由一万只猿猴 NFT 组成的收藏品），如图 4-2 所示，上面有一个穿着粗花西装的猿猴头像，他购买这个头像共花费 18 万美元（55 个以太币，约 116 万人民币），又一次引发了市场的进一步关注。

图 4-1

这是库里继 NBA 传奇巨星科比（Kobe Bryant）去世后第一次更换头像，此前他一直设置的是自己跟科比的合影，但至今他的推特背景图还是保留着他跟科比的另一张合影。更换头像这一举动引起了人们广泛的关注。

图 4-2

4.1.2 什么是 NFT

首先，先普及一下代币这个名词。代币是一个虚拟账户名称，是一种经过加密的虚拟货币。在币圈，BTC（比特币）、ETH（以太坊）都是被大家所公认的、有着领导地位的代币。由于前段时间 ICO 大火，市面上发行的代币也越来越多，目前代币的种类多达数千种（温馨提示：其中大部分为无用山寨币，炒币需谨慎）。

而 NFT 全称是 Non Fungible Token，是一种依存于区块链的数字资产，我们叫"非同质化代币"，当然笔者个人更喜欢称之为个性币，是可以用来表示独特物品所有权的代币。NFT 让艺术品、收藏品甚至房地产等事物标记化。它们一次只能有一个正式所有者，并且受到以太坊等区块链的保护，没有人可以修改所有权记录或复制粘贴新的 NFT。

大家都知道的比特币、以太币、美元、人民币等被称为"同质化（Fungible Token）代币"，它们的价值是相等的，比如，你的 100 元人民币和我的 100 元人民币是一样的，可以等价交换。

NFT 则不同，不能做到等价交换，因为每个 NFT 是独一无二的，它们具有一个唯一的识别代码和元数据，简单来说，就是每个 NFT 都有一个身份证号，不能被盗用。正是因为这个代号不同，其价值也不同，如同世界上没有完全相同的两颗钻石，每颗钻石都有其独特的价值。机票则可以看作是现实世界中不可替代物的例子，尽管都可以让持有者登机，但是不同的机票对应了不同的机舱座位和目的地，购买价格也不同，并且机票上标志了持有者的姓名和身份信息。

NFT 的诞生基于 2017 年以太坊中一个叫作 CryptoPunks 的像素头像项目，CryptoPunks NFT 头像如图 4-3 所示，这些像素头像总量上限为 1 万，任何两个像素头像都不相同，拥有以太坊钱包的人当时可以免费领取 CryptoPunks 的像素头像，且可以将自己拥有的像素头像投入二级市场交易。

NFT 具有不可互换性、独特性、不可分性，目前也更多地被用于"艺术作品"上，以"数字收藏品"的形式被售出。人们对 NFT 作品需求的增加和大量媒体的报道，将 NFT 这把火越烧越旺，NTF 作品的价格也开始一路走高。比如，Twitter CEO 杰克·多西（Jack Dorsey）将自己在 2006 年发布的首条推文制作成 NFT 并对外转买，如图 4-4 所示，竟卖出了 1630.58 以太币的价格（约为 290 万美元）。

图 4-3

图 4-4

这不由让人好奇，这也能做成 NFT？事实上，只要是能够数字化的东西，如公仔、门票、音频、鞋子、影片……都能做成 NFT，所谓"万物皆可 NFT"。

4.1.3　NFT 应用场景和商业模式

加密货币是区块链的典型应用，而 NFT 是唯一的、不可拆分的 token，如加密猫、token 化的数字门票等，是基于区块链的另一应用。NFT 是可锚定现实世界中物品的数字凭证，能够映射到特定资产（包括数字资产如游戏皮肤、装备、虚拟地块等，甚至实体资产）。

NFT 由于自身的数字稀缺性，目前应用场景主要还是在收藏、艺术品、游戏三个领域。NFT 为艺术家提供销售或者拍卖的素材，也为游戏玩家在游戏中提供专属的个性化资产（皮肤、头像或服装等）。

（1）收藏。NFT 带来的数字稀缺性非常适合收藏品或资产，其价值取决于供应有限。一些最早的 NFT 用例包括 Crypto Kitties 和 Crypto Punks（10000 个独特的像素化字符），像 Covid Alien 这样的单个 Crypto Punk NFT 售价为 1175 万美元。最近，流行品牌正在创建基于 NFT 的收藏品，例如 NBA TopShot，这些 NFT 包含来自 NBA 比赛的精彩瞬间视频而不是静态图像。

（2）艺术品。NFT 使艺术家能够以其自然的形式出售他们的作品，而不必印刷和出售艺术品。此外，与实体艺术不同，艺术家可以通过二次销售或拍卖获得收入，从而确保他们的原创作品在后续交易中得到认可。致力于基于艺术的 NFT 市场，例如 Nifty Gateway 7，在 2021 年 3 月销售 / 拍卖了超过 1 亿美元的数字艺术。一直以来，数字艺术家的作品一直面临被复制的风险，NFT 的出现让数字艺术品拥有了唯一性。在唯一确定下，艺术家可以拥有自己作品版权，购买者可以验证作品唯一性与真实性，这样一来，数字作品未来就拥有更广阔的市场空间。

（3）游戏。NFT 还为游戏提供了重要的机会。虽然人们在数字游戏资产上花费了数十亿美元，例如在堡垒之夜中购买皮肤或服装，但消费者不一定拥有这些资产。NFT 将允许玩基于加密的游戏的玩家拥有资产，在游戏中赚取资产，将它们移植到游戏之外，并在其他地方（例如开放市场）出售资产。

NFT 商业模式中最常见的盈利方式是出售 NFT，在直接销售 NFT 的营收模式基础上可衍生二级市场交易手续费、游戏内部经济中的交易费等营收方式。比如区块链游戏开发者可从其开发的物品二级市场交易中收费，或者开发者也可从用户生成的 NFT 交易中收费。

4.1.4　NFT 在元宇宙中的角色

NFT 在元宇宙中可以扮演关键资产的角色。

首先，区块链是连接元宇宙概念的重要技术。区块链基于自身的技术特性，天然适配元宇宙的关键应用场景。众所周知，区块链是一种按时间顺序将不断产生的信息区块以顺序相连方式组合而成的一种可追溯的链式数据结构，是一种以密码学方式保证数据不可篡改、不可伪造的分布式账本。区块链借助自身的特性可以用于数字资产、内容平台、游戏平台、共享经济与社交平台。

其次，NFT 可以充当元宇宙激励环节的媒介，NFT 依附于区块链的资产，而每个 NFT 之间均拥有稀缺度和价值的区别，可标记所有权。NFT 可确保数字资产不可复制，在元宇宙中可以扮演关键资产的角色，保障元宇宙参与者可以根据其在元宇宙的贡献度（时间、金钱、内容创造等）来获得奖励。

4.2 NFT 的功能

4.2.1 版权保护

传统互联网时代，往往只需要复制粘贴就可以大量传播作品，版权保护面临的问题是在互联网上盗版几乎没有成本，且数字、图片作品可以在短时间内被传播无限次，追踪源头和使用方式成为难点。

NFT 的存在意义就是为每个单位的创意作品提供一个独特的、有区块链技术支持的互联网记录，基于其不可大量复制、非同质化的特点，可以通过时间戳、智能合约等技术的支持，帮助每一件作品进行版权登记，从而更好地保护版权。

NFT 的版权保护成为 NFT 创造初期主要的应用之一，比如艺术家 WhIsBe 在 Nifty Gateway 上将一部 16 秒的金熊动画以 NFT 的形式售出了 100 万美元的价格，Twitter 首席执行官杰克·多西以 290 万美元的价格将他的第一条推文制作成 NFT 出售，纽交所也将历史上一系列有里程碑意义的 IPO 做成了 NFT，甚至《纽约时报》也将一个专栏转变为 NFT 的形式。同时越来越多的艺术家通过 NFT 的形式发表作品，也代表了他们对 NFT 用于作品版权保护的看好。因为 NFT 的独特性和不可复制性，在侵权后追究问题相较于传统互联网会变得非常简单。

4.2.2 资产数字化

首先，NFT 可以使之前不能变现的虚拟物品资产化。在传统互联网当中，虚拟资产的价值往往很难兑现，哪怕是游戏中的金币和物品也只能在单一游戏中小范围交易。而被 NFT 赋能后的虚拟物品有了全新的所有权确认体系，并且在底层区块链上得到了巨大的扩容市场，这使得 NFT 得以突破人为设定的某一圈层。并不热衷于 NBA 球星卡的人也可以将 NBA Top Shot 作为一种资产来持有，使得 NFT 真正意义上成为具有实际价值的资产。

资产数字化将实体产业中的资产进行处理后，转变为 NFT 代币上传至区块链上，除了上述的资产流动性的优势之外，还有其他资产数字化的优势。如图 4-5 所示，NFT 抵押借贷平台 NFTfi 是一个点对点的 NFT 抵押贷款市场，允许 NFT 资产持有者将其 NFT 作为抵押品来借入资产，以及贷款给他人。推出 NFTfi 的原因是，与法定资产、股权以及其他类型的资产相比，艺术品和收藏品市场的流动性很低，对于 NFT 资产而言更是如此，NFTfi 将为 NFT 资产提供大量流动性和借贷功能，来满足用户的多样化资金需求。

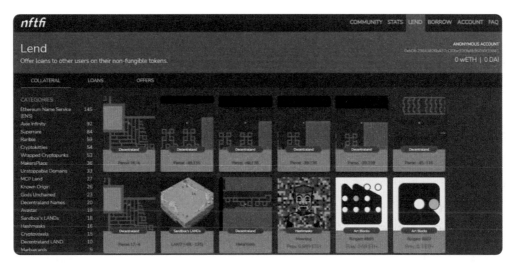

图 4-5

4.2.3　资产流动性

传统资产的流动性受到监管、物流以及交易效率等多重影响，而 NFT 通过将资产本身制作成区块链上的代币，通过去中心化的处理方式，大大加速了资产的流动性。目前最大的应用领域还是收藏艺术品的小范围市场，只要艺术家在平台上进行完整的认证及作品的授权，就可以进行自由交易。长期来看，各个领域都可以实现完整的 NFT 形式的资产流动性，促进各个行业的数字化进程。比如目前市场上受到关注的 NBA 数字卡牌，对比传统的数字卡牌，其具有卡片之间品质差距明显、估值透明、交易方便和更精美的画面的优势，从而在市场上迅速走红。

4.2.4　元宇宙的身份识别标志

元宇宙的社交属性需要更强的沉浸感和开放包容的环境，这是当前网络游戏的短板之一，比如工会、私聊等。元宇宙将允许来自全球各个角落的用户随时随地进行互通和交流。强社交属性的项目中，身份识别是最基础的需求，一个最终服务于几亿人的标准化身份识别标志需要简单快速而又能准确识别身份信息的标志，NFT 的不可重复、不可复制和相对简单的架构正符合这一需求。

传统身份管理系统需要委托中心化机构，在保证信息稳定不可修改的同时，损失了透明度和传输效率，尤其是在参与人数众多的系统。NFT 包含独特商品资产或身份认证信息——每个人都拥有独特属性和身份信息，NFT 可以集成个人信息、教育信息、病例记录和通讯地址等并将其数字化，存储于区块链上并受个人轻松掌握，实现去中心化内容存储，这在拥有大量用户的元宇宙应用中既可以实现信息安全又可以实现去中心化。

4.2.5 元宇宙的数字形象

元宇宙平台不会与任何单一的数字及真实应用程序或场景绑定，正如虚拟场景持续存在，穿梭在其中的对象和身份也是如此，因此数字物品和身份可以在虚拟场景中转移。在元宇宙构建虚拟空间成功之后，每个参与者都需要一个虚拟形象，基于虚拟形象，人与人可以在元宇宙中建立虚拟的社交关系。

在现代的游戏社交中，各个玩家在参与社交过程中进行社交识别和了解的第一步，就是进行外观的识别，而元宇宙是一个独立于现实世界的虚拟世界，社交过程会脱离现实世界，从而社交过程中身份地位的识别，就是在元宇宙平台上的数字形象的识别，高级好看的数字形象会带来更多的社交需求和社交意愿，也是类似身份地位的象征。

比如 BYAC，即由一万只猿猴 NFT 组成的收藏品头像，其中包括帽子、眼睛、神态、服装及背景等 170 个稀有度不同的属性，每个猿猴都有不同标签及穿着风格。

BYAC 的不同猿猴头像，通过编程方式随机组合生成了 1 万只独一无二的猿猴，每只猿猴表情、神态、穿着各异，如图 4-6 所示。所有这些都由以太坊区块链提供支持并在 OpenSea 上出售。

图 4-6

4.2.6 元宇宙中重要的数字资产

NFT 的数字资产及收藏品功能已经成为目前最主要的 NFT 应用。NFT 正逐渐成为虚拟世界的社会地位象征。NFT 是加密货币的其中一个类别，相较于比特币无差别、可互换的同质化特性，这也让 NFT 代表的资产具有唯一性。在人们将大量时间应用于元宇宙时，其数字资产就成为展现其身份地位和财富实力的象征，类似于现实世界的收藏品。

比如游戏 CryptoVoxels，创造者将其定义为一个"属于用户的平行世界"，这个世界的土地、房间甚至像素都可以在 OpenSea 交易市场上进行交易，原因是该类资产全部以 NFT 形式存在，将在区块链上永久得到保护。该类游戏可以被认为是元宇宙的雏形，即所有资产以 NFT 形式存在，更容易得到保护和享有自由交易的权利。尤其在元宇宙中，NFT 的数字资产去中心化交易将出现极高的交易流量，NFT 的底层逻辑正满足这一要求，也是目前发展最好的 NFT 应用之一。

另外，NFT 与线下实体的联动，是具有影响力的传统企业得以轻易地对接到元宇宙当中的手段。在元宇宙中有一个非常重要的假定，那就是在未来的某一天，当用户在线下购买了一辆汽车，那么在元宇宙的世界里也会提供同样的一辆汽车供他使用。这件事在不久前被兰博基尼实现了，数字收藏品平台 ENVOY Network 推出 NFT Wen Lambo，由著名的荷兰当代艺术家 Pablo Lücker 定制绘画。该 NFT 的买家将收到由豪华汽车经销商 VDM Cars 交付给他的、定制喷漆的、稀有的兰博基尼 NFT。虽然现在这位 NFT 的持有者还不能开着他的兰博基尼畅游元宇宙，但是谁说在未来不能实现呢？

4.3　NFT 时代的品牌建设

NFT 可以为企业带来新的商业机会，主要体现于 NFT 可以让粉丝（用户）更加融入企业创造的生态，同时帮助企业更有效地进行客户关系管理，并为企业创造潜在的营收来源。

这也不难理解，虽说 NFT 的概念在国内营销市场上刚起步，相对前沿且具有"稀缺性"和"唯一性"。但也正因如此，才需要品牌本身具备高知名度，因为只有消费者认可品牌才会愿意为品牌价值、理念买单，也就是我们所说的"精神消费"。这种消费往往更为高阶，脱离了普通的物质消费，更追求价值与体验。

因此，在稀缺性叠加品牌价值后，使得 NFT 作品的溢价空间暴涨，甚至一发不可收拾。不过，回归到理性来看，这些品牌都是如何利用 NFT 进行营销活动的呢？

4.3.1　通过 NFT 来创造独特的品牌体验

Blankos Block Party 是 Burberry（巴宝莉，是英国传统风格的奢侈品牌）的一款多人游戏，玩家可以在游戏中收集、升级和销售数字玩具和公仔。不久前，Burberry 在游戏中推出了首个 NFT 作品"Burberry x Blankos 系列"，包含 NFT 限量版玩具角色 Sharky B，以及喷气背包、臂章等一系列配件。

除此之外，LV 为了庆祝品牌创始人路易·威登 200 岁的生日，也推出了一款免费手游 *Louis The Game*，玩家需要通过收集蜡烛获得通关钥匙，游戏共有 200 根蜡烛。在收集蜡烛的过程中，玩家还有机会获得由 *Everydays: The first 5000 days* 的作者 Mike Winkelmann

制作的 30 份 LV 限定 NFT 艺术作品，这些作品被网友估值约 2 万至 2000 万不等。

Gucci 制作了首部 NFT 时尚短片，并将这部短片进行拍卖，最终在佳士得拍卖行卖出了 25000 美元的高价，拍卖所得的金额将捐赠给慈善机构，以提高落后地区的疫苗接种率。Gucci 要拍卖 NFT 作品的消息传出后，相继引发了各行媒体的报道。Gucci 在基于本身高知名度的基础上，加上了 NFT 的稀缺性，将品牌价值发挥到了极致，既吸引了各界人士的围观，又提高了自身的品牌好感度和独特体验。

零售巨头沃尔玛（Walmart）也准备进军"元宇宙"领域，并计划创建自己的 NFT，沃尔玛在一份声明中表示，它正在"继续探索新兴技术如何塑造未来的购物体验"。

品牌通过融入 NFT，创造新的讨论"话题"，吸引更多的人参与。更重要的是，品牌希望通过做 NFT 这件事，向行业表达出品牌的创新精神和无限创造力。

4.3.2 通过 NTF 来跨界和消费者互动

如图 4-7 所示，必胜客在加拿大市场推出过一款"像素化比萨"的 NTF 作品，仅售 0.0001 以太币（当时约 0.18 美元）。当时必胜客推出这款比萨是想表达一个理念——让每个人都买得起比萨。这场营销活动成功引发了大众的好奇心，并逐渐成为必胜客常规营销活动，而之后的每周必胜客都会发布一个新口味比萨的 NFT。

图 4-7

相较于传统球星卡片形式的粉丝参与方式，NBA Top Shot 是一个展示 NBA 球星的视频短片的 NFT 产品，如图 4-8 所示。与传统的 NBA 周边产品 NBA 球星卡相比，NBA Top Shot 形式更为丰富，且不可复制，球迷可以完整地拥有某一个视频片段。这给粉丝带来与 NBA 更加紧密的联系，因此会变现一部分粉丝付费的意愿，NFT 产品也可以为 NBA 带来潜在的营收来源。

图 4-8

通过 NFT 的形式，可以保留部分消耗品的价值，现阶段运用最丰富的场景即为门票。例如 NBA 萨克拉门托国王队发布了 NFT 的门票，Chinajoy 和网易大会也使用了类似 NFT 门票的方式，如图 4-9 所示，门票在被使用过后，门票 NFT 部分的价值依然被保留下来。

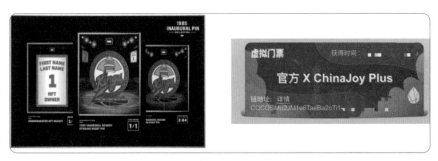

图 4-9

某种层面，NFT 更像是一种"潮流"，绝大多数的知名品牌都希望跟上"潮流"，从而体现自身在市场上的领先地位。当第一家开始做 NFT 时，其他品牌可以观望；当第二家开始做 NFT 时，其他品牌开始蠢蠢欲动；当第三家开始做 NFT 时，其他品牌"我们也要做 NFT"。正所谓，竞争对手做了这件事，如果我不跟上，也许我的品牌就错失了一个营销良机。

4.4　NFT 的商业化价值

4.4.1　资产的购买和拍卖是 NFT 的商业化价值

NFT 的非同质性特点决定 NFT 可以作为纪念品来发放给市场的其他参与者。目前国内的 NFT 商业化程度较低，但是国外的 NFT 商业化程度已经达到较高水准。目前 NFT 的收入手段有拍卖艺术品获得收入、购买明确的 NFT 产品和盲盒收入等。其中最令人关注的就是盲盒手段，区别于目前的大多数盲盒里的作品款数有限且隐藏款有限，NFT 的盲盒往往会通过较低的制作成本来大量制作不同款类、不同细节的 NFT 作品。又因为每一款都有细微差别，会大大降低盲盒购买者的厌烦情绪。对于 B 端，可以通过控制一部分特征的稀有性来进行饥饿营销，拉高需求以获取更高的收入。

以库里的 NFT 头像为例，看起来平平无奇的头像，却拥有仅 3% 猿猴拥有的僵尸眼和 1% 猿猴穿着的花呢西装，所以才会达到价值 18 万美元的水平，更是带动了其推特粉丝一起更换同类型的头像。

NFT 营销中的核心因素还是在于"稀缺性"，尤其是知名艺术家 + 品牌知名度两两叠加，再加上 NFT 本身的唯一性，让 NFT 具备了一定的收藏价值，因此很多人会花高价购买 NFT，最终的目的是用于收藏和升值。认同 NFT 价值的人或者认同其品牌价值的人就愿意为此买单。

4.4.2 国内 NFT 进展

随着自 2021 年 8 月开始的海外 NFT 市场的爆发式增长，元宇宙及数字藏品（数字藏品是国内对 NFT 本地化的一种新称呼，去除了 NFT 的代币属性）等相关概念逐渐被国内消费者认知，以鲸探（原名"蚂蚁链粉丝粒"）为首的数字藏品交易平台，摸索出了当前国内政策和技术环境下合规可行的交易市场规则。因此自 2021 年 12 月以来，国内互联网大厂、上市公司及知名企业纷纷密集推出自己的数字藏品交易平台和数字藏品。

腾讯旗下的基于至信链的 NFT 交易软件"幻核"已正式上线，首期限量发售 300 枚"有声《十三邀》数字艺术收藏品 NFT"，每枚 NFT 售价 18 元。如图 4-10 所示，幻核将 NFT 发售能力应用于数字艺术与收藏、IP 限量周边开发等业务中。

京东正式上线"灵稀数字藏品交易平台"，如图 4-11 所示，使用京东 APP 搜索"数字藏品"或"灵稀"即可进入小程序，"山海神奇动物"系列数字作品目前均已售罄。

图 4-10

图 4-11

支付宝小程序"蚂蚁链粉丝粒"限量发售的敦煌飞天、九色鹿、伍六七的"NFT 付款码皮肤"一经上线，几乎是在几秒内就售罄了。

这里展示一下笔者得到的央视动漫与腾讯视频共创的虎年生肖"福小虎"数字藏品，如图 4-12 所示。

这些 NFT 经推出，无一不是"抢购一空"！NFT 在国内的火爆程度可想而知。但是爆红之后大家开始理性地审视这场 NFT 狂欢。新事物的出现必然会伴随监管政策，目前国内大厂推行 NFT 时的谨慎态度也反映了其对 NFT 合规的重视。如幻核 App 要求用户必须实名制认证才能进行数字藏品作品认购，没有开放二级市场。同时，幻核 App 上，玩家不能出售自己的藏品或作品，只有经过平台审核授权的品牌、IP 方和艺术家经过邀请后才能在平台上发布作品。

数字经济发展迫切需要数字权益的确立与保护。NFT 市场火爆说明以艺术品为代表的诸多领域数字化发展需求旺盛，但我们也必须看到 NFT 存在的问题。国家版权交易中心联盟联合中国美术学院、浙江省杭州互联网公证处、央视动漫集团、湖南省博物馆、蚂蚁集团、京东科技、阿里拍卖、腾讯云等多个机构共同发布了《数字文创行业自

图 4-12

律公约》，一套具有中国特色的 NFT 模式开始形成。公约中包括 11 项共识，分别为：赋能实体经济、弘扬民族文化、促进行业发展、坚持原创正版、保证价值支撑、保护消费者权益、联盟链技术可控、维护网络信息安全、杜绝虚拟货币、防范投机炒作和金融化风险，以及防范洗钱风险。

所以区别于海外运用加密货币进行支付，国内的 NFT 交易发展建立在无币区块链上，运用人民币为交易手段。目前包括腾讯（幻核）、阿里巴巴（蚂蚁粒）等，都已完全删去 NFT 字样，改为"数字藏品"，用于区别国外不受监管、炒作盛行的 NFT 代币作品，强调作品的自身收藏意义与艺术价值。

4.4.3　NFT 是数字文创的价值载体

NFT 的核心功能是"数字确权"，这是因为基于区块链系统以太坊的 EIP-721 协议而诞生的 NFT，可以充当数字世界中的所有权凭证。但在国外，NFT 浪潮和加密艺术、赛博朋克等概念是紧密相连的，这种差异性也使东西方 NFT 概念衍生的流行文化出现不同。

NFT 对于作品的加密、记录将加速版权保护和作品溯源，对于文创产业的创作者起着重要的激励作用。版权保护一直是国内传媒行业的痛点，尤其是传统文创行业。由于侵权造成的经济损失逐年增加，在互联网上寻找侵权内容的时间成本也在逐年增加，这在一定程度削减了创作者的创作动力。NFT 的加密功能可以保护版权并让创作者更容易被溯源，从而增加收入奖励。

NFT 可以促进中国"国潮文化"的发展。国潮艺术是更多媒体形式和更多艺术表现形式的集合，可以背靠 VR 或 AR 来表现，且 NFT 可以在线上进行转增或拍卖，与传统艺术有区别。NFT 与国潮艺术的结合将会让目前本就受用户关注的国潮艺术更上一层楼，加速国潮艺术的传播，提高其估值。

4.5 NFT 的思考和总结

NFT 将衍生更多数字资产形态，将是元宇宙数字资产的确权解决方案。尽管当前市场交易主要以收藏品、艺术品、游戏为主，但我们认为未来 NFT 有望持续衍生至金融、个人数据等领域，诞生更多数字资产形态。长期来看，我们认为 NFT 是元宇宙的最核心底层支持之一。元宇宙的建立将带来丰富的数字场景与数字资产，NFT 为元宇宙内数字资产的产生、确权、定价、流转、溯源等环节提供了底层支持。此外，NFT 非同质化、独一无二的特性，将进一步促进元宇宙由实到虚、由虚到实的相互映射，加速元宇宙经济系统的落地。

未来 NFT 市场规模尚有较大发展空间，尽管现在成交仍以收藏品及艺术品为主，伴随 NFT 游戏、元宇宙的不断发展演进，未来 NFT 资产结构有望进一步丰富。

总之，NFT 作为炙手可热的新事物，已经快速出圈成为越来越多人关注的焦点。当前 NFT 仍处于发展早期，市场过热蕴含部分炒作及投机因素。虽然"NFT 拍卖品的艺术性太低""NFT 就是一场泡沫"等评论不绝于耳，但新事物的出现必定是伴随着巨大的争议的。我们不否认泡沫的存在，但是相信在一轮又一轮的泡沫被挤掉之后，NFT 的真正价值就会逐渐显现出来。

第 5 章
元宇宙未至，虚拟人先行

宇宙热度居高不下，作为元宇宙场景入口与连接纽带的虚拟人也备受瞩目。当虚拟数字人已经从简单的"纸片人"进化到更高精、更智能的形象时，科技、互联网、传媒、传统制造业等行业都相继出现虚拟数字人，掀起了一股热潮。有报告预测，这是个千亿元的巨大市场。元宇宙未至，但虚拟数字人已经照进了现实。

5.1 虚拟人行业背景介绍

5.1.1 什么是虚拟人

最近，虚拟人火了。比如，在江苏卫视2022跨年演唱会上，歌手周深与通过虚拟技术呈现的"邓丽君"合唱了《大鱼》等经典歌曲。此外，虚拟人还有央视新闻的AI手语虚拟主播"用技术跨越声音的障碍"、清华的虚拟大学生"华智冰"（见图5-1）等。

一般而言，虚拟人指由通过3D图像软件或其他模拟仿真工具制作，以数据形式存在的人与类人角色。虚拟人与数字人两个概念多数时候可以通用，相比之下，虚拟人更侧重其在外观、智能等方面与人的相似性，在难辨真假的同时可以进行交互。数字人强调其存在于二进制的数字世界中，既可以是

图 5-1

根据真人生成的1:1数字孪生，亦可以是完全虚构的形象与身份。而虚拟数字人有着更为严格的定义，根据人工智能产业发展联盟发布的《2020年虚拟数字人发展白皮书》，虚拟数字人具备三大特征：①拥有人的外观及性格特征；②拥有通过语言、表情或肢体动作表

达的能力；③拥有识别外界环境、与人交流互动的能力。本文将虚拟人、数字人、虚拟数字人三个概念统称为"虚拟人"。

目前国内的虚拟人主要分为身份型和服务型两大类别：

（1）身份型虚拟人是真人形象在虚拟世界的具象表达。这种类型的虚拟人可作为消费者进入虚拟世界的 ID，在游戏和泛娱乐领域得到最先应用，表现在游戏玩家角色设计上、社交平台个人虚拟人形象的生成等。

（2）服务型虚拟人则是代替人类进行各类公众服务类角色扮演和提供社会服务。相较于聊天机器人、数字助理和数字人，服务型虚拟人的优势在于高精度建模与人工智能使得其能更大范围地承接社会工作。从影视到金融再到游戏，虚拟人可以承担多种服务型角色，为用户提供智能高效的人性化服务。新华社的虚拟记者、央视的虚拟手语师，具备 IP 属性的虚拟偶像都属于此列，这些工作需要人的形象，成为服务型虚拟人很好的落地场景。

在北京冬奥会上虚拟人也来助阵，在冬奥村，名叫"爱加"的志愿者随时提供咨询服务，会中、英、日、俄、法、西 6 种语言，赛事赛程查询、交通文化问答等都能快速回应。还有以央视记者王冰冰为原型打造的"3D 虚拟冰冰"，能进行冬奥知识的互动传播。以《天气预报》主持人冯殊为原型的气象服务 AI 虚拟人"冯小殊"，也为各场馆参赛选手和观众实时播报冬奥观赛气象指数。而对于国内 2780 万听障人士来说，AI 手语主播为他们提供了共享奥运精彩的可能。虚拟人成了元宇宙最热的赛道之一。

5.1.2 虚拟偶像定义和特点

虚拟偶像是从应用场景出发的一种称谓，无论 2D、3D 或其他的表现形式，只要以满足用户对成长、美好的向往为出发点进行的公开活动，都可划分到偶像范畴。虚拟人可以被打造为虚拟偶像，同样也可以成为虚拟演员、虚拟作家等。虚拟偶像在互联网等虚拟场景或现实场景进行演艺活动，但本身并不以实体形式存在，具有参与性强、无负面信息等特点，给消费者带来情感陪伴，圈粉了一波年轻人。

如今，越来越多的虚拟人都在不断涌现，央视导播小 C、清华虚拟大学生华智冰，虚拟美妆达人柳夜熙……围绕着虚拟人已经形成了很多流派，比如走功能实用路线的功能派，像小 C、华智冰；再比如分身派，像迪丽热巴的虚拟形象迪丽冷巴、黄子韬的虚拟形象韬斯曼等。

而虚拟人中最火爆的当属以下五大派。

（1）走时尚达人路线的虚拟人——时尚达人派

走时尚达人路线的虚拟人——时尚达人派如图 5-2 所示，从左至右的虚拟偶像依次为西小施、AYAYI、ALiCE、Reddi，她们是走时尚达人路线的虚拟人。时尚达人派是最受大众、社会关注的虚拟人流派，在当下的时刻，由于其高仿真又时尚的特质，比较容易形成社会影响力。时尚流虚拟人最受品牌方的青睐，一旦火起来，通过品牌合作可很快实现商业变现，带来收入。

图 5-2

（2）走唱歌跳舞路线的虚拟人——歌舞派

走唱歌跳舞路线的虚拟人，国内最具代表性的范例就是 QQ 炫舞的虚拟代言人星瞳。星瞳已经出道几年了，是国内最成熟的虚拟偶像 IP 之一，积累了相当多的人气。目前已经可以做到像真人舞台一样，一切表演和互动都是实时发生的，但不同的地方在于，虚拟形象的表演自带特效，更加绚丽。这股歌舞派虚拟偶像浪潮正在国内快速发展和演变，未来大概率还会出现更多动人的歌舞派虚拟。

（3）虚拟直播虚拟人——次元流派

另外，走次元流路线的虚拟人其实和歌舞派有很多重叠之处，之所以要单列出来，是因为还有大量的次元流虚拟人并不以歌舞见长，或者说他们主要通过虚拟直播的方式来吸引粉丝和发展，更加生活化和陪伴化。比如在 B 站（哔哩哔哩）每天还有成百上千个次元流的虚拟人在进行着直播，和粉丝们同呼吸、共分享，逐步积累起人群和影响力，并且，已经通过打赏和加入舰队获得了收入。

（4）走形象＋故事＋产业路线的虚拟人——短剧派

我们再说一下在抖音爆红、一天内粉丝破百万的柳夜熙（见图 5-3），则是通过形象＋故事＋产业，开辟了短剧派虚拟人的新赛场。走短剧派的虚拟人和之前介绍的时尚达人派、歌舞派的差异很明显，更加像是从剧中走出来的角色，所以，她的场景、造型、妆容都更有设计感。在柳夜熙的一条两分钟的视频里，我们看到了抖音内容的天花板。里面拥有电影级的画面质感、剧情、后期特效，并将美妆元素和元宇宙概念引入其中，完美展现了现实与科幻的碰撞。看完她的视频，有些美妆达人甚至直呼再也不想做美妆了。

图 5-3

（5）实用功能型的虚拟人——实用功能派

实用功能型的虚拟人——实用功能派，就是走功能实用路线的虚拟人，这也是大部分平台、机构开发虚拟人的初心。实用功能派的应用场景很广，从客服到新闻导播、天气预报、景点导游、知识解说、教学老师等都可以。不同于前面几种，这类虚拟人往往形象平和、亲切，更注重日常功能型沟通。比如央视的虚拟人小C，用百度智能云开发，结合了 AI 智能技术；还有由新华社和腾讯联合打造，专门面向航天主题和场景研发的数字航天员、数字记者小诤，带用户漫游三大空间站。实用功能派的虚拟人还有非常多，这里就不一一展示了。想做好实用功能型虚拟人，除了形象设计外，要配备的最重要的技术能力是人工智能。功能型虚拟人要具备和海量用户对话并解决问题的能力，所以，必须要有强大的人工智能底蕴做保证。

另外，相较真人偶像，虚拟偶像主要具有以下特点：

（1）参与性强。大多虚拟角色官方并未给予背景设定，在 VOCALOID 编辑平台开放化的条件下，粉丝可参与内容创作，增强自己的参与感与和圈子的融入感。洛天依等虚拟偶像在演唱会上除嘉宾曲目外，其他歌曲基本来自 UGC 粉丝的创作，当前洛天依在哔哩哔哩拥有 15000 首以上原创歌曲，远超真人偶像。

（2）无负面信息。真人偶像可能出现绯闻等负面信息，打破其在粉丝心中的形象。相比之下，虚拟偶像更为纯粹，融入创作者赋予的梦想、责任等正能量，根据粉丝的意愿与喜好塑造形象，无负面信息的干扰，可持续符合粉丝对偶像的想象，运营风险低。

（3）寿命长。虚拟偶像的寿命是无限的，其可实现青春永驻。尽管虚拟偶像和真人偶像类似，均需进行持续性投资，但虚拟偶像的盈利期可无限延长。

（4）周边产业多。虚拟偶像运营良好的情况下，可产生写真集、手办等多元的周边产业，进而获得更大的利润。

顺便说一句，虚拟人并不仅属于各行各业或属于明星，每个人也可以拥有自己的虚拟人，以分享数字世界的生活，这将是我们和元宇宙关系最紧密的应用。各种流派虚拟人，从时尚到娱乐、从文化到商业，从明星到大众，让各行各业的每一个普通人，都能加入到虚拟人和元宇宙的大潮当中。

5.1.3　虚拟人行业发展历程

虚拟人这一概念并不是今天才出现的，从 20 世纪 80 年代开始，人们就在现实世界尝试引入虚拟人。起初的虚拟人技术主要是以手工绘制为主，日本动画《超时空要塞》播出后，动画官方以女主角林明美的名义将剧中插曲按照偶像专辑进行发售，她被看作全球首个"虚拟歌手"，这一阶段的虚拟人还处在萌芽阶段。

21 世纪初，随着 CG（CG 原为 Computer Graphics 的英文缩写，是通过计算机软件所绘制的一切图形的总称，国际上习惯将利用计算机技术进行视觉设计和生产的领域统称为 CG）、动作捕捉技术革新，虚拟人进入探索期，落地场景主要以影视娱乐行业为主。在影视方面，利用动作捕捉技术，经过计算机处理得到虚拟角色，用于电影制作中的数字替身。在虚拟偶像方面，日本开发了第一款被广泛认可的虚拟人"初音未来"，她在商业领域的现象级成功使得虚拟偶像加速向产业化、职业化方向迈进，并开拓出了更多的细分领域。但这一阶段的虚拟人虽然达到实用水平，但造价较高，呈现形式也相对粗糙。

在最近 5 年，得益于人工智能技术的突破，虚拟人的制作得以简化，可交互性更强，进入了发展的快车道。当前更是在建模的精细度、动作捕捉和 AI 交互等方面不断提升，虚拟人已达到写实级逼真程度，且具备情感表达和沟通交流的能力。海内外社交平台开始涌现出大量虚拟主播（Vtuber），这一时期的 Vtuber 形象以二次元、卡通风格为主，利用粉丝经济，通过平台粉丝打赏及直播分成来实现盈利，吸粉能力可观。这一阶段，一些科技公司已经着手布局虚拟人赛道，例如，新华社与搜狗联合发布"AI 合成主播"，浦发银行和百度共同发布提供金融服务的数字员工"小浦"。

从 2020 年至今，踩着元宇宙概念爆发的红利，越来越多的虚拟人如雨后春笋般涌现出来，商业价值逐步显现。除了娱乐公司与 MCN（Multi-Channel Network，多频道网络）机构，各头部大厂也纷纷入局这一赛道，布局不同类型的虚拟人 IP，虚拟人成为在各大社交平台上被追逐崇拜的形象。目前，虚拟人正朝着智能化、便捷化、精细化、多样化发展，步入了成长期。

5.2　虚拟人的技术发展

早在 20 世纪 80 年代，创作者就开始尝试打造具有人格的数字形象。但由于技术限制，当时的数字人以 2D 手工绘制为主，应用非常有限。而在 21 世纪初，CG、动作捕捉、人声合成等技术逐步成熟，虚拟人开始快速发展，CG 技术产生的数字虚拟人在电影中普遍运用。而在最近几年，得益于人工智能技术的突破，虚拟人的制作得以简化、可交互性更强，进入了发展的快车道。当前更是在建模的精细度、动作捕捉和 AI 交互等方面不断提升，虚拟人已达到写实级逼真程度，且具备情感表达和沟通交流的能力。同时虚拟人的制作门槛也在不断降低。静态展示的虚拟人只需要通过建模和渲染技术，就能够实现堪比真人的超写实图像。而动态展示需要在建模的基础上加上动画制作和语音，这往往需要动作捕捉技术。交互型的虚拟人需要人工智能技术对用户反馈进行识别交互。

5.2.1 建模

2D 虚拟人如图 5-4 所示，普遍使用静态扫描技术制作，即通过 40~60 部照相机对真人进行全方位拍照，根据拍照光线和角度进行矩阵扫描，从而在软件中呈现出 2D 立体形象。静态扫描技术仅需拍照搭配上少量所需数据，就能以较低的成本制作出 2D 虚拟人形象。

而 3D 虚拟人建模对于软件和技术要求较高，如图 5-5 所示。它采用动态扫描技术，将采集到的光影效果或是照片数据，通过人脸特征识别、空间变换组件、模型重建组件、骨骼变形组件、纹理融合组件等搭配合成多模态 3D 模型，除真人形象外，还包括卡通、二次元等类型。

图 5-4

图 5-5

5.2.2 驱动

（1）面部表情驱动。2D 虚拟人主要通过视频算法呈现，通过对已采集到的文本到语音或嘴型视频的数据进行模型训练，得到一个输入任意文本均可驱动嘴型的模型，再搭配语音自动识别，对语音进行标注、绑定数据与动作，这样形成的虚拟人可对某个特定词语或特定语境做出相应的动作，但动作有限，且重复固定，一般只能呈现正面的形象。

3D 虚拟人驱动方式多样，包括视频算法训练、语音自动识别和动捕设备采集等。通过 3D 模型与其相对应的 BlendShape 向量来表达，可呈现出三维立体形象、动作灵活、可随意驱动的 3D 虚拟人形象。

（2）全身动作。目前动作捕捉技术是最成熟且呈现效果最好的动作生产方式，可分为光学式、惯性式以及基于计算机视觉的动作捕捉。其中光学捕捉精度最高、对环境要求最高且硬件成本也最高，惯性捕捉抗遮挡能力最强，基于计算机视觉捕捉算法开发难度最大。光学捕捉多应用于医疗、运动、电影等专业领域。惯性捕捉在影视作品中亦有较多应用，能较好地呈现 3D 虚拟偶像形象并与用户进行互动。

而基于计算机视觉的捕捉技术大大降低了使用门槛。视觉捕捉多用在消费级市场，可以通过手机自带的深感摄像头完成基础的面部与肢体捕捉。

5.2.3　渲染

渲染技术分为实时渲染技术和离线渲染技术，随着硬件能力提升和算法突破，虚拟数字人的真实性和实时性将大幅提升。二者在渲染时长、计算资源、计算量等方面存在差异，所对应的应用场景亦有所不同。

实时渲染指图形数据实时计算与输出，其各帧都是针对实际的环境光源、相机位置和材质参数计算出来的图像。早期的实时渲染技术渲染时间短，受限于时限要求计算资源一般不能及时调整，但是随着算法算力以及硬件水平的提升，渲染速度、逼真度等都实现了质的飞跃。实时渲染多用于 3D 虚拟人。

离线渲染技术图像数据并不是实时计算输出，渲染时间相对较长，计算资源丰富，受时限限制有限，可临时调整更多计算资源。离线渲染多用于 2D 虚拟人。

时至今日，在面向元宇宙的虚拟人制作时，将更强调边缘测算力。如前所述，元宇宙强调虚实结合，仅仅通过离线渲染是不够的，而实时渲染对算力提出了极高的要求。算力大都集中在云端，但实时渲染恰需要在边缘侧解决，大量消耗边缘＋终端算力这种架构与此前传统的通信算力架构有较大区别。引擎厂商无法解决边缘计算的算力问题，通信、IT 基础设施服务商将发挥更大作用。

5.2.4　AI

交互型虚拟人根据驱动方式的不同，可分为 AI 智能驱动型和真人驱动型。真人运作配合动作捕捉，能够使得虚拟人与观众进行实时交互。而智能驱动型虚拟人可通过智能系统自动读取并解析识别外界输入的信息，根据解析结果决定虚拟人后续的输出文本，然后驱动人物模型生成相应的语音与动作来使虚拟人跟用户互动。

AI 驱动的虚拟人需要依靠语音识别、自然语言处理、语音合成、语音驱动面部动画等多种技术。得益于深度学习、机器学习、计算机视觉、自然语言处理等先进计算机技术的发展，虚拟人将逐步融合客服答疑、智能营销等功能，并塑造客户良好的品牌形象，成为人机交互产品的价值突破点。

自然语言处理环节中的语义理解进展较为缓慢，语义理解相较于语音识别难度高了数倍。语音合成目前已经被广泛运用，但往往是片段录播，离真正的自主表达还有一定距离。虚拟人在嘴形动作方面也已实现智能合成，其主要是通过建立输入文本到输出音频与输出视觉信息的关联映射实现。主要设计思路是以采集到的文本到语音或嘴形动画数据进行模型训练，得到一个输入任意文本都可以驱动嘴型动画的模型，然后通过模型智能合成虚拟人嘴形。

5.3 虚拟人行业产业链分析

虚拟人行业产业链上游主体为设备、软件等供应商以及画师、模型师等美术相关工作者；中游主要为虚拟人运营商，包括个人与企业；下游则为演唱会、直播等变现路径。

5.3.1 虚拟人制作流程

按呈现方式的不同，虚拟偶像可分为 2D 和 3D 虚拟偶像，二者制作流程均相对简单，主要包括虚拟形象构思、对形象进行美术加工、建模绑定等。在成本方面，3D 虚拟偶像的制作成本高昂，从虚拟偶像构思到实现 3D 建模绑定，可花费数十万至百万元，加之其需专业设备方可最终使虚拟偶像具备人的各种行为。其中，设备是制作虚拟偶像的重要成本投入。除制作设备外，虚拟偶像的设备还包括动捕设备与介质，动捕设备包括惯性捕捉系统、光学动作捕捉系统等，一套设备的花费可达数万至数百万元。介质则包括 AR、VR 等设备，一套设备需数万至数十万元。但随着中国 AR、VR 技术日趋成熟，其价格将进一步降低。

3D 虚拟偶像具备真人的特点，可举办演唱会、成为品牌代言人等，商业化路径较 2D 虚拟偶像更多元，但其制作成本高昂，制约其快速发展。2D 虚拟偶像制作成本较为低廉，仅需数万元，甚至免费，因而已有较多用户自制 2D 虚拟偶像，仅 B 站便有数万个 2D 虚拟偶像 UP 主。

目前国内商业化和营销应用已经足够成熟的虚拟偶像，可能还得属在 2019 年诞生的超写实虚拟偶像——哈酱，如图 5-6 所示。这个一头蓝发的"酷女孩"，可能是"中国第一位超写实虚拟偶像"，在短短两年时间内就成为首位虚拟道路交通安全宣传大使，并有国潮电竞主播、公益大使等诸多身份。最近，哈酱又解锁了自己的新身份——加入华纳音乐旗下舞曲厂牌 Whet Records，成为华纳首位虚拟音乐艺术家。

图 5-6

哈酱定位是偶像化打造的嘻哈歌手。在人物小传中，她是一位嘻哈歌手，热爱国潮穿搭，既熟悉流行音乐，又热衷于传统文化。为了让其形象更贴近真实，人物特征更具辨识度，设计团队研究对比了当时所有嘻哈歌手的外貌特征，连单眼皮、厚嘴唇、蓝色头发这种细节都有讲究。

作为一名专业的嘻哈歌手，哈酱基于 AI 智能合成声音定制技术，深度学习音乐歌曲元素并输出原创嘻哈说唱音乐。

举个例子，如何做出好声音的故事：

（1）第一步，确定虚拟偶像的人设定位，提取其中的调性元素。

（2）第二步，根据人设去训练数据。这里通常背后要有一个强大的神经网络语音模型，融合了人们说话声音的各类元素，譬如音色、年龄、口音、韵律等，它将根据哈酱的人设释放对应的能力，训练出专属于哈酱声音的模型。

（3）第三步，调教模型，就像做一个雕塑那样，先打一个胚子，再精雕细刻，设计团队有一套完整的工具和流程去打磨，最后就出来了一个完美的人声。

整个过程需要解决很多工程化的问题，时刻保证质量和稳定性——就像一个工业的流水线那样。

5.3.2　虚拟人打造策略

虚拟偶像行业具有成本高、培养周期长等特点，头部企业具有雄厚的实力，有资金与技术实力持续投入虚拟偶像的打造运营，因而虚拟偶像行业逐步向头部集中。虚拟偶像的打造策略可分为精品 IP 策略与 AKB48 策略。精品 IP 策略是指对虚拟偶像进行精心策划后才会推行，部分的虚拟偶像还会拥有属于自己的定制节目。使用该策略推行的虚拟偶像拥有质量高、在线时间长、持续输出内容吸引用户等特点，但是这种策略在策划的前期就会有很大的花费。在精品 IP 策略模式下，企业推出的虚拟偶像质量高，在推出后仍需持续加大对运营费用的投入，此模式需企业具有极强的创意策划、雄厚的资金实力、多元的资源渠道，方可保证推出的虚拟偶像获得成功。

AKB48 策略是指企业对得到用户青睐的虚拟偶像进行相应的打造以及运营，一般以三到四位虚拟偶像的形式出现，但会出现资源不均匀的情况。由于前期不会有太多资金的消耗，因此大多数企业都选择了 AKB48 这种模式来打造虚拟偶像。在 AKB48 策略模式下，企业在前期无须投入过高的成本，依靠用户的增量使部分虚拟偶像脱颖而出，在虚拟偶像的 IP 初步形成后，再将资源向其倾斜。由于 AKB48 策略对企业的要求低于精品 IP 策略，当前企业均以 AKB48 策略为主打造虚拟偶像。

与真人偶像类似，虚拟偶像在进行商业化之前也需进行形象设计，包括人物性格、爱好等，因而其前期的投入成本较大，可达数十万至数百万元。而在后期运营中，企业为赢得市场持续关注并培育其用户基础，需通过图文、短视频等营销渠道对虚拟偶像进行运营。

在运营过程中，企业面临较高昂的成本，如1幅图文的内容可高达1万元，1条短视频的内容可达数万元，且为保证运营的效果，企业需持续推出营销内容。

5.3.3 虚拟人应用领域

对于服务型虚拟人角色，是从语音类机器人升级到具备人的外形的可交互性的虚拟人。机器人等未能普及的原因是未能满足情感上的交互，导致不够贴近消费层面，也难以提高消费者接受度。目前服务型虚拟人有很大的发展空间，如智能客服、新闻播报、接待宾客、景区游导游、培训教学等领域，都可以运用虚拟主持，使得客户的信任感和满意度得到提高。

对于虚拟化身角色，也就是每个人的数字替身，拥有无穷想象力，可以在数字社交、游戏等领域发展，在海外已出现应用，未来将有很大的市场。

对于虚拟偶像，这类偶像具有完全可控（不会出现负面新闻）、技能可被赋予（唱歌、跳舞、演戏等技能均可被赋予）、价值时效长（不会衰老）、不会跳槽等特点。另外，随着VR/AR等技术的成熟，驱动虚拟偶像的内容逐步趋于三维化，真人偶像在这些方面均弱于虚拟偶像，未来虚拟偶像将具有更大的商业潜力。

如图5-7所示，虚拟偶像在制作完成后，需进行IP打造、运营，完成人气积累后，再通过演唱会、音乐、广告代言、直播等路径进行变现。随着虚拟偶像的认可度逐步提升，其商业价值随之增加。虚拟偶像主要收入来源于版权、广告代言、演唱会等，版权的收入包括创作音乐、出演影视作品、制作周边衍生品等，广告代言则包括各种品牌代言活动和电商带货活动等，变现类型更为多元化。

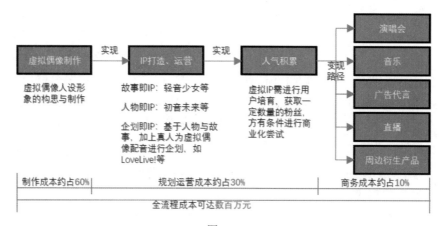

图 5-7

未来10年，虚拟偶像在演唱会与版权方面均具有较大的发展突破：

（1）在演唱会方面，虚拟演唱会对技术要求高，涉及全息投影技术，该技术仍处于初级发展阶段，成本较高（一场全息演唱会的价格可达数百万元）。随着全息投影、AR、VR等技术逐步成熟，用户的体验将进一步提升。加之虚拟偶像的逐渐"破圈"，粉丝数量甚至超过部分真人偶像，粉丝数量增加也将为虚拟演唱会的多次举行奠定良好基础。

（2）在版权方面，随着虚拟偶像的粉丝数量持续增加，其版权价值将随之提升，同时虚拟偶像可同时进行多种授权，在代言品牌的同时也可做直播带货，因而未来虚拟偶像在版权方面拥有较大的变现潜力。

5.4　虚拟人行业前景和挑战

5.4.1　虚拟人行业市场规模

1. 服务型虚拟人将在多个传统领域带来变革

政策层面，2021 年 10 月广电总局发布的《广播电视和网络视听"十四五"科技发展规划》中指出："要推动虚拟主播、动画手语广泛应用于新闻播报、天气预报、综艺科教等节目生产，创新节目形态，提高制播效率和智能化水平"，首次明确地鼓励和支持虚拟人的发展。传媒场景的服务型虚拟人成为重点突破，如由新华社媒体融合生产技术与系统国家重点实验室与腾讯联合打造的虚拟记者小诤，首次亮相于 2021 年 6 月 17 日神舟十二号载人飞船发射的当天，为观众带来航天采访。央视新闻引进 AI 技术打造的首位虚拟 AI 手语主播，为中国听障群体带来了冬奥会手语服务。

"恐怖谷理论"揭示了人类对于人形事物会产生正面情感，直到一个特定程度，他们的反应便会突然变得极为排斥。因此哪怕机器人与人类只有一点点的差别，都会显得非常刺眼，显得僵硬恐怖。随着虚拟人制作技术的提高，超写实精度的虚拟人建模使得虚拟人提供的服务变得更加自然。当技术跨越这种"恐怖谷"的用户体验限制时，虚拟人与真人从外表无法区分时，应用场景将迎来更大的发展空间。

如表 5-1 所示，通过打造特定应用场景的虚拟人，能够大幅度提升用户的业务体验。典型的场景包括影视、金融、文旅、教育、医疗和零售。

表 5-1　打造特定应用场景的虚拟人（资料来源：《2020 年虚拟数字人白皮书》）

领　域	场　景
影视	虚拟替身特效可以帮助导演实现现实拍摄中无法表现的内容和效果，已成为特效商业大片拍摄中的重要技术手段和卖点
传媒	定制化虚拟主持人、主播、偶像，支持者从音频、文本内容一键生成视频，实现节目内容自动化生产，打造品牌特有 IP 形象，实现观众互动，优化观看体验
游戏	越来越真实的虚拟人游戏角色使游戏者有了更强的代入感，可玩性变得更强
金融	通过智能理财顾问、智能客服等角色，实现以客户为中心的、智能高效的人性化服务
文旅	博物馆、科技馆、主题公园、名人故居等虚拟小场景、虚拟导游、虚拟讲解员
教育	基于 VR/AR 的场景式教育，虚拟导师帮助构建自适应 / 个性化学习环境
医疗	提供家庭陪护、家庭医生、心理咨询等医疗服务，实时关注家庭成员身心健康，并及时提供应对建议
零售	从大屏到机器人到全息空间，从数据分析、个性营销、智能货架、无人商店四大应用场景切入构建线下零售服务新流程，虚拟主播亦可进行电商直播

2. 虚拟偶像市场规模稳步增长

目前虚拟偶像是虚拟人最为成熟的商业化应用，市场规模正在稳步增长。其中，虚拟人以虚拟主播 Vtuber 形式为主，主要原因在于门槛低、变现相对容易和迅速。2016 年虚拟主播"绊爱"在 YouTube 上线，逐步开始广泛流传开来。2020 年 1 月至 2022 年 6 月，哔哩哔哩上的虚拟主播数量增长了将近 7 倍，催化因素主要来源于以下两点：

◎ 疫情影响：线上娱乐市场整体增长，催生了新的观众市场，增加了需求。

◎ 头部虚拟 IP 退出：龙头虚拟偶像团体"hololive"退出。头部 IP 的突然空缺使得粉丝、市场、官方资源等急于寻求新的绑定，给予新的虚拟主播一定的发展机会。

参考 2021 年 11 月哔哩哔哩虚拟主播营收，当月虚拟主播总收入达到了 5466 万元，付费人数达到了 25.5 万人。位居第一位的虚拟主播"珈乐 Carol"创下了单月 214 万元的收入。

虚拟偶像并不依赖于超写实的虚拟人制作技术，但高精度的虚拟人制作技术为虚拟偶像带来了新的运营方式。而随着建模技术的提高，超写实虚拟偶像与真人难辨真假，因此在展示方式和商业模式上能够有更多创新，可以担任美妆博主、模特等。而早期的虚拟偶像往往是二次元形象，展示方式为音乐、动画、CG 等方式，这些虚拟偶像的内容表现形式一般为娱乐视频。

受二次元用户持续增加、虚拟偶像逐步破圈、虚拟偶像相关技术持续成熟等因素驱动，虚拟偶像市场规模将持续扩大，预计未来 5 年，中国虚拟偶像市场规模仍将保持较高的增速增长。

虚拟偶像行业市场规模的主要驱动因素包括：

（1）二次元用户持续增加：2017 年中国二次元用户约为 3 亿人，而 2020 年已约达 4 亿人。虚拟偶像是二次元内容的重要构成部分，随着二次元用户数量的持续增加，虚拟偶像的受众将随之增加。

（2）虚拟偶像逐步破圈：虚拟偶像的粉丝数量持续增加，头部虚拟偶像粉丝数量（如洛天依在微博的粉丝数量已超 500 万）甚至远超部分真人偶像。

（3）虚拟偶像相关技术持续成熟：随着全息投影、AR、VR 等技术持续发展成熟，虚拟偶像的制作与运营等成本将持续下降，同时这些技术也将有助于提升虚拟偶像带给用户的体验，预计未来虚拟偶像的渗透率将逐渐提升（当前不足 20%）。

5.4.2 虚拟人行业用户画像

虚拟人行业用户画像如图 5-8 所示。

在虚拟偶像的喜欢原因方面，约 62.7% 的用户表示因为虚拟偶像不会有负面新闻，约 49.6% 的用户表示因为喜欢二次元，36.0% 的用户表示通过虚拟偶像可以缓解现实中的焦虑、孤单等负面情绪。

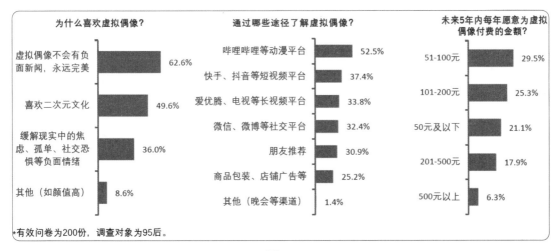

图 5-8

在了解途径方面，用户主要通过哔哩哔哩等动漫平台了解虚拟偶像，其占比约为52.5%，主要原因在于哔哩哔哩等动漫平台是二次元用户的聚集地，而虚拟偶像是二次元文化的重要构成部分。其次为快手、抖音等短视频平台，其用户占比约为37.4%，主要原因在于短视频具有传播范围广、受众多等特点。

在付费意愿方面，当前用户在虚拟偶像方面的付费意愿度较低，但随着虚拟偶像在中国逐步发展成熟，加之市场不断培育用户的付费习惯，用户付费意愿将持续提升。

5.4.3　虚拟人行业未来潜力和挑战

虚拟偶像的变现场景多元化，同时品牌方付费意愿将提升，行业未来前景良好。

虚拟偶像未来的潜力主要表现在以下两方面：

（1）变现场景多元化：受益于5G、AR、VR等技术的进步，虚拟偶像将在直播带货、VR演唱会等场景的应用中为用户提供更良好的体验。此外，企业将虚拟偶像产品化，虚拟偶像可作为虚拟助手、虚拟教师、虚拟客服等应用于更多场景，变现路径多元。

（2）品牌方付费意愿提升：随着虚拟IP愈趋成熟，品牌方与虚拟IP的联动将随之提升，如部分直播间付费邀请虚拟偶像作为主播进行直播带货（如洛天依与李佳琦合作进行直播带货活动），付费金额可高于部分头部主播。

尽管虚拟偶像在变现场景逐步多元化与品牌方付费意愿持续提升的背景下，具有较大发展潜力，但仍面临着众多挑战，这些挑战主要包括以下三方面：

（1）受众有待扩大。尽管中国的泛二次元用户数量已约达4亿，但虚拟偶像的渗透率与付费率仍处于较低水平，无法持续支撑虚拟偶像的变现。主要原因在于中国的二次元文化基础仍较弱，核心二次元用户是主要的付费用户，但该部分用户占泛二次元用户的比例仅约25%，仍有较大提升空间。

（2）运营成本高。虚拟偶像是内容的承载体，持续的、优质的内容是其形象养成与人设丰满的必需品，因而虚拟偶像的运营方需持续产出作品，同时运营该虚拟偶像，以激发用户的参与性，进而产出更多同人作品，以扩大影响力。用于虚拟偶像的优质内容成本高昂，如一首歌的版权费用便可达数十万元、一场虚拟偶像演唱会成本可为数百万元至数千万元。

（3）短期商业变现难。虚拟偶像前期投入成本高，其需在积累一定粉丝数量后方可进行变现。尽管当前中国已有数万个虚拟偶像，但实现盈利的不足30%，虚拟偶像行业的盈利仍存在困难。当前虚拟偶像企业可依靠虚拟偶像以外的业务获取收入，也可通过融资获取资金，保障自身的持续运营。

现阶段虚拟人主要运用在泛娱乐领域，但从长远来看，虚拟人将是构建元宇宙的底层基础设施之一。随着对元宇宙的开拓，虚拟人的制作成本以及服务成本将会降低，服务效率会大大提升，应用的领域也会更加的广泛。虚拟数字人的时代已开启，这很有可能就是元宇宙的入场券。AI技术驱动下，虚拟数字人已经非常"类似人"，拥有人的外观、行为、语言，能互动交流，能识别外界环境，甚至拥有人的思想，预计未来元宇宙中的人工智能技术生产内容将会越来越丰富。相信很快，虚拟数字人技术结合实际应用场景领域，在影视、传媒、游戏、金融、文旅等领域都有着广泛的应用。

第 6 章
动作捕捉遇到元宇宙，让虚拟更现实

　　动作捕捉（Motion Capture）是创作虚拟模型动作资产的有效手段，通过光学或惯性元件记录捕捉对象的身体、面部、手部等运动，使得虚拟模型可以模拟呈现相应的动作表现。动作捕捉技术早期较多应用于影视行业，目前该技术已在影视、动漫、游戏、VR、模拟仿真演练、健康医疗等众多领域开始得到进一步应用。在元宇宙的发展中，用户动作的实时记录和反馈是沉浸式体验的重要环节，动作捕捉成为元宇宙搭建的基础技术之一。

6.1　什么是动作捕捉

6.1.1　从互动电影游戏说起动作捕捉

　　互动式电影游戏（又称"互动电影"），指参与者通过扮演电影中的人物角色，介入设置好的剧情环境，并与剧情产生持续的交互。其强调两个重点，一是沉浸感，二是互动性。

　　如图 6-1 所示，《底特律：变人》电影级的环境渲染、光影效果与场景建模，为玩家带来的感官体验几近观影级别。《底特律：变人》的成功在于其提供的沉浸式游戏体验，丰富的剧情分支选择，临场感十足的玩法操作，这些都是作品口碑的坚实基础。

图 6-1

如图 6-2 所示，国产游戏《隐形守护者》中不同游戏选择会带往不同剧情分支。

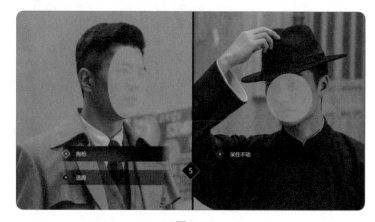

图 6-2

互动电影游戏为玩家搭建高度真实的虚拟世界，并提供丰富的剧情交互方式，是从内容端向元宇宙靠近的形式之一。参与者可在元宇宙中经历超脱现实的故事、情感，接触颠覆性的世界观。同时参与者在元宇宙中的行动和日常生活也将对元宇宙产生相应影响，并重新反馈到参与者的自身体验上，形成虚拟世界与参与者的反馈闭环。

互动式电影游戏可分为虚拟建模与真人出演两种类型。真人出演的作品更接近于电影，如图 6-3、图 6-4所示，国产互动式电影游戏《隐形守护者》采用了真人出镜的形式；《底特律：变人》的演员为角色做动作捕捉，真人出演进行动作捕捉，因此对人体的身体、面部、手部等进行动作捕捉成为不可或缺的核心技术。

图 6-3

虚拟建模作品则对人物模型的动作、表情等表达情绪的演出效果要求较高，完全依靠虚拟技术合成的难度比较大。动作捕捉为虚拟模型动作的创作提供了便利，也是 VR 设备中用户动作呈现和反馈在虚拟世界中的重要技术实现路径。

图 6-4

自动作捕捉技术首先运用于影视行业以来，其应用领域越发广泛。目前该技术已被应用在影视、动漫、游戏、VR、模拟仿真演练、体育运动分析、健康医疗、工业测量等众多领域。未来随着产业技术的迭代和交互方式的革新，该技术有望得到进一步的发展，前景非常广阔。

6.1.2　动作捕捉定义

动作捕捉技术，简称动捕技术，是光学空间定位技术的一种延展应用方式，它是实时地准确测量、记录物体在真实三维空间中的运动轨迹或姿态，并在虚拟三维空间中重建运动物体每一时刻运动状态的高新技术。简单理解就是指记录并处理人或者其他物体动作，并生成对应的虚拟资产动作动画的技术。

动作捕捉技术其实是非常小众、既复杂门槛又高的新兴技术。据说动捕技术最开始是英国 Oxford Metrics Limited 公司发明的，他们有个品牌叫 VICON，是基于动捕技术来进行动作捕捉的光学 Motion Capture 系统。后来，卡梅隆要拍《阿凡达》，于是找到 VICON，双方合作制作出了震撼全球的首个 3D 特效电影。动捕技术也因此第一次近距离地走进人们的视野。很长一段时间，动捕技术都是好莱坞的绝活儿，一般人玩不了。

随着动作捕捉技术的发展，精度变高，门槛变低，其应用范围越来越广。例如为了追求内容的质量，越来越多生产商选择使用动作捕捉技术来让动画显得更加逼真和自然。

动作捕捉这种利用外部设备来对人体结构的位移进行数据记录和姿态还原的技术，由于采集的数据可以广泛应用于虚拟现实、游戏、人体工程学研究、模拟训练、生物力学研究等诸多领域，因此这项技术拥有比较广泛的市场前景和价值。

实际上从泛一点的角度来说，动作捕捉其实是一个比较通用的概念，它并不限定捕捉的对象，除了人和物体，也可以是其他生物或者个体的局部信息。如《阿丽塔》中所用的捕捉技术（见图 6-5），这种利用演员的肌体表演数据"运算"出虚拟角色的技术，也被称为表演捕捉（Performance Capture）。

图 6-5

动捕技术进入国内，也创作出了很多振奋人心的国产大片，比如《大圣归来》《疯狂外星人》《流浪地球》《哪吒》等。动捕技术这个"技术宅男"捧红了很多影视动漫作品、甚至颠覆与提升了大众的影视欣赏哲学。

动捕技术的能量到底有多大？笔者明确地告诉你，它会让你真正地置身于真实的科幻世界里。现在的 VR、AR 已经让人感觉有些科幻味道了，但那只是动捕技术应用的前菜，真正的动捕技术时代来临时，你可能真的就会分不清现实与虚幻的区别了。举个例子，将你的一举一动、一言一行、喜怒哀乐、吃喝拉撒等用动捕技术捕捉下来，配之以 AI 算法，再植入到机器人里，然后一起出现在你朋友面前与他聊天，他可能无法区分你们谁真谁假。是不是有一种真假美猴王的感觉？

迎接动捕技术的时代大门正在徐徐打开，动捕技术将成为元宇宙这个时代伟大的技术之一。

6.1.3 动作捕捉有三个发展方向

动作捕捉有三个发展方向，分别是身体捕捉、手指捕捉和面部捕捉。

（1）身体捕捉：身体捕捉是对身体活动关节等部位进行捕捉，通过构建人体骨骼模型来还原身体的运动方式，身体捕捉是对人体体态运动进行分析的解决方式，是现在动作捕捉领域广泛应用的基础技术。

（2）手指捕捉：手指捕捉是对手指的运动进行还原，手指捕捉是动作捕捉领域的一大突破，代表着动捕技术的进化，也对应用领域有着较大的推进，是捕捉精度和捕捉系统处理能力上升的标志。

身体捕捉和手指捕捉如图 6-6 所示。

（3）面部捕捉：基于面部标记点通过摄像头捕捉标记点的位置来得到面部表情数据，这是目前大部分影视作品和游戏使用的面部捕捉解决方案。由于人脸表情复杂，因此对精度的要求也通常达到 0.01 mm 级别。在 iPhone 中，采取另一套面部捕捉方案，使用 3D 摄像头采用结构光原理读取面部点阵图案，再处理成 Animoji 动画，实现面部捕捉。如图 6-7 所示，利用 iPhone X 进行简单的面部捕捉。

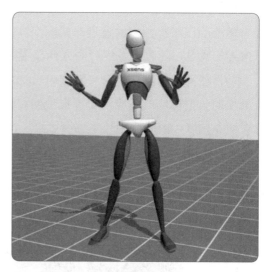

图 6-6

图 6-7

6.2　动作捕捉的应用领域

6.2.1　动捕应用——医疗康复、运动分析

体育科学、康复 / 运动医学、运动训练、体育教育、机械工程、心理学、人机工效等相关学科研究成果在近些年来不断深化发展、推陈出新。而在运动科学领域研究中，全面了解人体运动方式，获取精确的运动数据是十分重要的。借助动作捕捉技术，得到的数据可以在各类体育运动以及康复训练中应用，为运动员提供更加科学的动作指导。

研究中获取的运动学参数包含位置、速度、加速度、角度、距离、姿态等数据，例如人体运动时关节屈伸、内收外展、旋内旋外，跑步运动中步长、步速、步频参数等。这类数据所来源的动作通常运动速度较快，在极短时间内有较大的位置变化，因而其数据采集需要兼顾高精度与高采样频率。如图 6-8 所示，红外光学动作捕捉技术能够高精度低延迟地获取这些数据信息，比如篮球投篮过程中肩、肘、腕关节的角度变化，击剑运动员的动作稳定性，或是跳高跳远运动员在起跳过程中的身体姿态，这些较难获取的运动学参数，都可以使用红外光学动作捕捉技术进行获取。

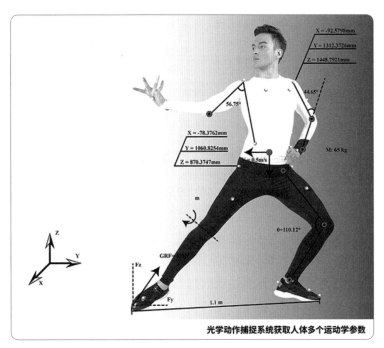

光学动作捕捉系统获取人体多个运动学参数

图 6-8

自疫情以来，我国各大医院都采取了线上会诊模式，远程或线上形式的医疗会诊与交流学习成为主流，而虚拟现实与红外光学动捕技术的开发和应用，则使线上医疗会诊、高精度手术甚至远程手术成为可能。

医生可将具有光学感应作用的 Marker 固定在患者腿部，并通过计算机断层扫描（CT 扫描）来测量标记点相对于腿部对应内部点的位置，最终通过红外光学技术捕捉 Marker 来确定跟踪标记点的位置，并结合局部测量值，计算出患者腿部的姿势，从而帮助机器人（手术机械臂）更精确地辅助医疗活动。此原理可以帮助医生在操作屏幕上实时透视骨骼内部的情况，无须再实行大创面手术，有效减少手术时的医源性损害，大大减轻患者痛苦。这种手术方式还为远程手术提供了可能，医生即使不在手术室，也可通过远程监视器观察手术患部，并实时控制手术机械臂进行手术操作。

6.2.2 动捕应用——电影、游戏

如图 6-9 所示，动作捕捉技术目前应用广泛，最早仍是从影视行业开始运用。电影《阿凡达》全程使用了动作捕捉技术，是该技术发展史上的一大里程碑。

影视中动作捕捉技术的发展史		
时间	电影	备注
1990	《全面回忆》	首次使用动作捕捉技术的电影
1996	《泰坦尼克号》	借助动作捕捉建立CG人物动作库，从而减少了群众演员的投入
2001	《指环王》	动作捕捉应用较多
2004	《极地特快》	完全使用动作捕捉制作的动画，首次实现身体动作和面部表情同时捕捉
2009	《阿凡达》	全程动作捕捉制作
2011	《猩球崛起》	户外动作捕捉
2019	《哪吒之魔童降世》	国产成熟使用动作捕捉技术的动画

图 6-9

《阿凡达》在动作捕捉方面的意义在于实现了前所未有的逼真虚拟生命，让观众一扫之前数码角色给人带来的隔离感，成功跨越了"诡异谷效应"。对于动作捕捉技术，尤其是面部捕捉，其实卡梅隆在 1995 年就已经想好了解决方案：头戴式表情捕捉系统——一个头盔，前置一个广角摄像头，在演员的面部点上动作捕捉点（使用绿色墨点，方便识别），拍下演员的所有表情变化，同时也不影响身体动作的捕捉。事实上，他们最终也是这样实现的。值得一提的是，大多数动作捕捉服采用中灰色的材料，因为中灰色的布料可直接提供明度参考，在后期中也很容易被擦除。《阿凡达》建立的有史以来最大的虚拟拍摄实验室也十分了不起，140 台专用摄像机，8 台高清参考摄像机，并且使用了大量的辅助用具——武器、马匹、服装和挂饰等，甚至在这些道具上也安置了相应的动作捕捉标示点，精细程度可见一斑。《阿凡达》这样的制作堪称极致，也预示着动作捕捉的时代已经到来。

当然，动作捕捉除了在电影制作当中发光发热之外，在游戏制作上的作用也不容忽视。

近些年动作捕捉在游戏制作领域的应用屡见不鲜，国外的一些游戏大作似乎已经离不开动作捕捉了。制作出《刺客信条》系列、《英雄无敌》系列、《细胞分裂》系列、《波斯王子》系列等畅销游戏的世界知名游戏厂商育碧，日前在多伦多组建了一个"世界一流的动作捕捉工作室"。该工作室有 185 平方米的动作区域，可以容纳多名演员同时进行捕捉，80 台动作捕捉相机可以准确而精密地捕捉演员复杂的动作，另有无线头盔相机用以准确地记录演员的面部数据，并实时与演员的声音和全身动作同步。

可以说，电影和游戏是催生动作捕捉技术的原动力。当这项技术发展到一定阶段才慢慢向其他行业渗透，包括运动分析、工业仿真应用等。

6.2.3　动捕应用——虚拟主播

近年开始兴起的二次元虚拟主播/偶像，也应用了动作捕捉技术。该技术能将真人的动作表情投影到虚拟的二次元人物上，使观众观赏到二次元人物丰富多彩的表情动作变化。

如图 6-10 和图 6-11 所示，通过人体穿戴感应器获取动作数据，并同步到虚拟形象上，支持实时预览，加速虚拟制片流程，大幅度提高虚拟内容制作效率。制作出来的虚拟形象可用于品牌 IP 节目表演、品牌直播带货、线下活动等互动场景中。

图 6-10

图 6-11

如今，以虚拟动力为代表的企业，将动作捕捉 + 虚拟场景应用技术转化为低成本、消费级的技术工具，不仅操作简易、实用性强，而且使得内容创作化繁为简，并能强化效率、激发想象。

6.2.4 动捕应用——VR

VR 指虚拟现实产品，行业内通俗地将其形容为"做梦"，指用户在完全虚拟的环境中进行交互。VR 也是动作捕捉技术的重要应用领域。在虚拟现实技术中，设备需要捕捉用户的动作来帮助用户实现虚拟交互。作为向元宇宙展望的重要产业，VR 游戏内容行业也对动作捕捉技术做了大量的投入。

在一些大家很喜欢的搏斗或者射击游戏中，我们经常需要做出身体快速移动、头部快速转动，以及高速的转身、下蹲等动作，一方面这些动作会给我们带来实现的变化，眼前所看到的画面会跟随变化，且虚实情况也有区别；另一方面，这些动作也必须带来虚拟世界中的一些反馈，例如瞄准僵尸打出一颗子弹，则虚拟世界中的僵尸将受伤或者倒下。想要让使用者有真实的体验，那么追踪技术就必须以非常高的精度实现定位及动作捕捉，否则就不能算是真正的虚拟现实了。

如果说 HTC Vive、索尼 PSVR 这样的 VR 设备给我们打开了迈入虚拟世界的一扇门的话，那么它们装配的控制手柄则是我们与这个虚拟世界进行交互的双手。但拿着手柄与世界的交互终究会破坏这种置身于另一个世界的沉浸感，无时无刻不在提醒着我们这是一个虚拟世界。为了解决这个问题，一些公司将广泛应用在影视行业里的动作捕捉技术带到 VR 领域，让用户能够扔掉手柄，通过真实的触摸、抓起、走动以及各种动作来与虚拟世界进行交互。

动作捕捉的交互技术成为 VR 产品体验提升、产品大量普及极为关键的一环，大家都知道目前的 VR 设备只能够做到部分沉浸，即当你戴上 VR 头显之后，能够感觉自己进入到了一个新的虚拟世界，但是在这个世界里的你却仅剩下了一双手以及半个胳膊，在你低头往下看的时候，是看不到自己身体的。此外，虽然 HTC Vive 类的设备也会给你提供一个控制手柄来让你与虚拟世界进行一定的交互，但是当你把攥着 Vive 手柄的双手伸向一个物体的时候，却发现还需要按下侧键才能将其"拿"起来，这与真实世界里面的"拿"的概念大不相同。上述两点正是目前 VR 设备无法实现更高沉浸感的原因。

而体感交互技术则可以解决这两个问题。当有了体感交互技术之后，我们的整个身体都能够被映射到虚拟世界之中，现实中的你做出什么样的动作，虚拟世界中的你也会做出同样的动作。而在与虚拟世界的交互方面，我们也不再依赖 Vive 控制器或其他的手柄，只需要跟现实一样即可，例如伸出手拿起一个虚拟物品，或是用脚去踹开一个准备把你吃掉的虚拟僵尸，而这正是一种更高级别的沉浸体验。

动作捕捉技术的本质就是把现实中人物的动作复制到虚拟人物身上。虽然影视级的动捕方案拥有绝佳的精准与效果，但是其诸多的环境要求以及高昂的售价就决定了其难以在普通消费者市场进行推广。微软在 2010 年为其 Xbox 游戏机推出了一款名为 Kinect 的体感摄像头，如图 6-12 所示，允许站在其前面的玩家通过简单动作进行游戏。这种摄像头能够感知画面的深度（距离）信息，并且一般拥有两个或两个以上的摄像头，因此被称为深度摄像头或者双目摄像头。深度摄像头能够识别环境的距离信息，再通过相应的算法就能够识别出人类的简单动作或者是手势。

在微软将这一技术推向消费市场之后，深度摄像头这类低水平光学动捕技术逐渐推广开来，几乎所有手势识别、动作识别或是体感交互的技术都是基于这种原理。

图 6-12

而当 VR 行业开始兴起之后，一些人看到了动作捕捉技术与 VR 头显结合的美好前景，开始针对 VR 行业推出相应的解决方案，动作捕捉技术与 VR 的结合，前景一片大好。

6.2.5　动捕应用——无人机、工业

基础无人机的发展已经趋于成熟，但是下一代四旋翼无人机要求更高程度的态势感知和决策能力，而不仅仅是与其他无人机或人类进行交互。这就要求无人机开发工具能够提供更高精度和可靠的实时六自由度（6DOF）定位数据。

物体在空间具有六个自由度，即沿 x、y、z 三个直角坐标轴方向的移动自由度和绕这三个坐标轴的转动自由度。因此，要完全确定物体的位置，就必须清楚这六个自由度。

运动捕捉系统实时捕捉无人机的六自由度信息，并将其传回控制计算机。控制计算机根据预设的飞行轨迹和实际的飞行轨迹的差别修正飞行参数，并向无人机重新发送飞行控制指令，从而达到无人机高精度、平稳、无偏差的飞行控制。

对于应用于工业制造流水线、物流仓储场景的机械臂，动作捕捉系统通过对其模块化机械臂和灵巧手捕捉，获取其姿态数据，可进行相应的控制规划。

对于可在抗震救灾、军事场景应用的多足机器人，动作捕捉系统通过对其足部的关节角度、速度信息的捕捉，优化其在不同环境下的运动模式。

残障人士、特种士兵装配上外骨骼机器人，在动作捕捉系统的协助下获取关节角度等运动学步态信息，可以优化外骨骼结构，从而更好地对佩戴者进行多方面的协助。

6.3　动作捕捉的技术分类

动作捕捉的技术可以分为两类：光学动作捕捉和惯性动作捕捉。

光学动作捕捉：光学动作捕捉基于红外光从标记点反射到不同位置的摄像机，对标记点进行绝对定位得到三维坐标，再对所得到的数据进行处理得到多个标记点空间运动的基本信息。简单来说，就是对人体上的标记点进行绝对定位来构建三维模型还原运动。光学动捕的设备由一组摄像机、数据处理服务器和标记点组成，光学镜头对外发射红外光，红外光在场地中接触到反光体产生反射，摄像机将反光信息采集到软件中处理为空间坐标。

惯性动作捕捉：惯性动作捕捉通过惯性传感器来捕捉人的关键骨骼旋转信息，对人体运动进行测量，最后通过无线方式将数据传输到计算机上去还原人体运动。惯性动作捕捉系统由一组传感器和处理软件构成。

光学动作捕捉和惯性动作捕捉对比如表 6-1 所示。

表 6-1 光学动作捕捉与惯性动作捕捉对比

对比项	光学动作捕捉	惯性动作捕捉
从费用成本来看	依靠一系列精密而复杂的光学镜头来实现，费用成本十分高昂，以大片制作为主	由传感器实现，相比来说，价格要比光学动作捕捉优惠得多，能够适用于各个领域，包括医疗健康、动画、教育、直播等
从操作程序来看	需同时操作多个高速摄像机，从不同角度对目标进行跟踪捕捉，操作难度非常大	只需一套设备加上一个系统软件，就可以完成动作捕捉，操作简易
从场地要求来看	对场地有特定要求和范围限制，不能随意移动，多在室内进行	对场地和空间限制小，能够在较大范围空间移动，甚至可以到室外进行实景拍摄
从环境干扰来看	易受环境干扰，对光线、磁场等因素有要求	对捕捉环境适应性高，不受光照、背景等外界环境干扰
从动作限制来看	设备穿戴烦琐，有一定的动作限制	动作限制较少，能够实现实时互动
从累计误差来看	通过标记点发出特殊 LED 光被摄像机捕捉得到数据，精确度较高。集成大量数据，需进一步处理，后期工作量大	由于其设计原理存在累计误差，随着时间的推移，动作的漂移会越来越大。目前，开发商也在致力于减少累计误差

标记点捕捉可能存在死角，或者因遮挡导致光点追踪丢失，就可能出现姿态问题，这些问题都需要手动后期调整，消耗大量的成本，这也体现了算法的重要性，好的算法可以尽可能减少后期处理的成本，例如丢失部分标记点或者标记点重合遮挡可以通过算法调整。相应地，无标记点捕捉技术是利用摄影机扫描人体、软件跟踪人体运动来获得运动数据，无标记点捕捉技术现在初步实现，但其误差相对于标记点捕捉更大，应用范围并不广泛。随着技术的发展，无标记点捕捉如果能够解决误差问题，那么它就可以很好地解决标记点捕捉的缺点。

6.4 动作捕捉公司行业分析

VICON 于 1984 年在英国牛津成立，其母公司 Oxford Metrics（OMG.L）在伦敦证券交易所上市。VICON 是动作捕捉行业具有领先地位的公司，它的首要技术是被动式光学运动捕捉，并且拥有惯性捕捉、无标记捕捉等现有的主流动作捕捉系统。VICON 于 2017 年收购了惯性传感技术的创造者 IMeasureU，正在结合光学和惯性为运动捕捉提供更好的支持。VICON 拥有行业领先的硬件和算法，可以提供高精度的动作捕捉技术并且减少后期的处理成本。VICON 著名的应用是《指环王》系列，如图 6-13 所示，取得巨大成功的《指环王》系列中的角色咕噜被人们熟知，这个角色的成功离不开动作捕捉技术，当然还有安迪·瑟金斯精湛的演技。

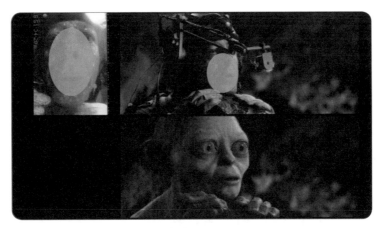

图 6-13

Natural Point 公司于 2005 年在美国成立新的产品线 Optitrack，自成立以来致力于制造高精度、低延时、系统稳定的动作捕捉技术，降低动作捕捉硬件和系统的成本，其凭借着性价比优势获得较大的市场份额。在 2017 年 Natural Point 被中国上市公司利亚德收购，成为利亚德 VR 部门的一部分。

Xsens 于 2000 年在荷兰创立，是惯性动作捕捉技术的领头羊，经过 20 多年的发展，Xsens 的产品品质卓越、易用性高，专注于人体运动测量并应用于专业和消费市场。

诺亦滕（Noitom）于 2012 年在北京创立，其名字源于英文 motion 的倒序拼写，也是主打惯性动捕技术的公司，以自主研发的多传感器数字技术和运动追踪算法为基础，推出动作捕捉以及虚拟现实系统等，以在将来使得每一位有需求的个人和组织都能享受到动作捕捉技术为目标。如图 6-14 所示，诺亦滕的 Perception Neuron 系列提供手部捕捉技术。

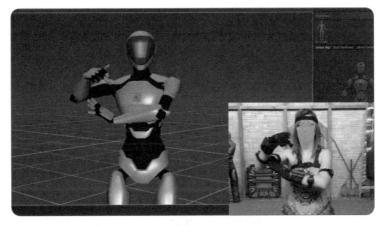

图 6-14

美国是全球动作捕捉系统行业中发展最早、技术最先进、市场份额最大的国家；其次是欧洲地区，欧洲的动作捕捉技术也很先进，同时在世界上也占有较大的市场份额，其中英国、法国、德国是欧洲国家中动作捕捉技术发展较为完善的几个国家。

在亚洲，日本一直是全球动画行业的领头羊，动作捕捉技术在日本动画行业的应用也十分重要，所以日本动作捕捉系统行业的发展也是亚洲范围内比较先进的，但是近几年日本在动捕行业的发展上似乎有些停滞不前，行业的总体规模在全球市场的比重也在逐渐下降。

中国是动作捕捉系统行业中发展规模较大、技术相对先进的新兴发展中国家之一，在全球动作捕捉系统行业中占有重要地位。近年来，在国家政策和互联网浪潮的推动下，中国动作捕捉系统行业发展迅速，取得了巨大成就，市场知名度大大提高，应用领域不断扩大。由于技术条件的限制，我们的动作捕捉系统产品主要模仿国外先进技术产品，在功能和性能上做了创新和突破。相比于欧美国家的动捕系统，我国的动捕系统具有绝对的价格优势。我国的动作捕捉系统产品在市场上的整体竞争力也在日益提升，与目前欧美、日本的技术差距正在不断缩小。虽然我国动作捕捉系统产业的技术水平还相对落后，科研、设计、创新方面还有一些薄弱环节，但目前我国有着良好的技术发展环境。与其他新兴发展中国家相比，我国动作捕捉系统行业的技术水平相对较高。另外，我国动作捕捉系统行业还处于发展初期，发展前景广阔。

未来随着动作捕捉系统行业技术水平的不断提高，动捕技术在我国将会应用到更多的领域，应用领域的拓展也将进一步扩大产品的市场需求。另外，目前动作捕捉系统行业的发展得到国家的大力支持，技术水平提升很快。随着技术研发能力的不断增强以及动捕系统市场需求的不断提升，我国自主研发的动作捕捉系统在未来的发展中，将会不断突破技术难关，走向中高端化。我国的动作捕捉产业也将进入一个崭新的阶段。

6.5 动作捕捉和元宇宙

如图 6-15 所示，进入元宇宙的虚拟世界，要拥有一个属于自己的人物形象，那么捏脸就是元宇宙系统里的入门项目。捏脸系统会根据你的面部特征，3 秒生成你的专属形象，并且还能根据自己的喜好进行五官调整、妆容发型的改变等。

图 6-15

捏完脸就要为人物定制动作，如图 6-16 所示，在动作捕捉中心，你穿上了动捕服，这些设备可以让系统实时捕捉到你的表情、口型还有动作，这样就可以帮助你在虚拟世界里更好地用肢体语言去表达和交流了。

图 6-16

元宇宙的到来，催生了捏脸师、建模师一类的新职业，在动作捕捉中心，也有着元宇宙系列的另一个新职业：动捕师，如图 6-17 所示。

图 6-17

动捕师就是把线下世界搬到元宇宙的建筑师和造梦者。动捕师用动作捕捉技术让虚拟空间里的角色动起来，动捕演员的三维模型可以随着演员的动作变化实时显现在大屏幕中，直观可见。元宇宙里数字人的穿梭遨游，可以容纳 50 亿人的大型演唱会，现实世界的 1:1 还原，等等，这些都离不开动捕师。

元宇宙目前处于探索想象和技术发展的阶段，全球 3D 动作捕捉市场规模飞速发展，随着元宇宙时代的到来，该技术有望得到进一步的发展和应用。在向元宇宙发展的路径中，捕捉用户动作并及时生成虚拟世界中的相应表现，是高质量用户体验的重要一环，未来动作捕捉将有广泛的基础应用空间。动作捕捉技术将成为元宇宙基础技术之一。

第 7 章

元宇宙领先的在线游戏创作平台 Roblox

Roblox 是一款大型多人在线游戏创作平台，以创造迷你游戏为核心，为玩家提供 3D 数字世界客户端、为开发者提供 Roblox Studio 工具集以及 Roblox 云服务。用户可以通过购买或者创作游戏等方式获得游戏币。Roblox 搭建的经济系统把内容生产者与内容消费者连接在一起，将现实社会中的人际关系投影在虚拟世界中。Roblox 号称为玩家提供跑酷、模拟经营、生存挑战、开放世界等多元的超级数字场景，用线上虚拟数字内容拓展真实世界中的社交需求。

7.1　Roblox 介绍

7.1.1　Roblox 是什么

如图 7-1 所示，Roblox 是一款集体验、开发于一体的多人在线 3D 创意社区互动平台，玩家可以通过游戏与朋友聊天、互动以及创作。Roblox 作为一家游戏公司与其他游戏公司最大的不同是，公司不从事制作游戏的业务，而是提供工具和平台供开发者自由地想象，从而创作沉浸式的 3D 游戏。

图 7-1

玩家可以在 Roblox 社区注册一个虚拟身份，体验社区里的各种小游戏。目前在国服开放移动端 App，整体画风采用极简像素 3D 风格，玩家的虚拟身份用于平台所有的游戏。小游戏主要为多人游戏，玩家可以和好友组队，也可以进入后随机匹配其他玩家共同游戏。部分游戏内置收费项目，通过 Roblox 的虚拟货币购买。普通玩家接触到的是 Roblox 的小游戏，Roblox 提供游戏设计开发工具 Roblox Studio，Roblox 社区里的小游戏全部都是创作者通过 Roblox Studio 创作的。从创作玩法看，Roblox 是一款沙盒游戏，沙盒游戏由于其底层架构的原因，可以通过创作实现大量玩法。

Roblox 就犹如 YouTube，只担任平台运营角色，透过"用户生产内容"（UGC）的方式，丰富平台上的游戏体验，使玩家通过数字分身进入游戏内游玩与互动。Roblox 在美国的青少年族群中，是家喻户晓的名字，更是苹果应用程序商店游戏下载排行第一的 App，如图 7-2 所示。据统计，美国过半的 16 岁以下儿童都玩过 Roblox。

2021 年 Q1（第一季度），Roblox 在美国 iOS 手游市场份额排名第一，目前这个平台上已经有超过 800 万开发者，开发出的游戏超过 4000 万，所有的游戏全部免费，通过道具收费盈利。它也是一个游戏引擎，平台上所有游戏全部基于这个引擎开发。这个引擎的画面效果和《我的世界》类似，任何人都能免费利用这个引擎开发游戏并上传到 Roblox 游戏平台。而且开发过程比其他引擎更简单，根据官方说法，没有编程和游戏开发经验的人，也能通过开发工具 Roblox Studio 搭建一个简单的小游戏。

图 7-2

7.1.2　Roblox 发展历程

Roblox 的成功，来自于创始人 David Baszucki（戴大·巴斯祖基）一开始就选择走了一条最难的路——专注于儿童市场的游戏平台。David Baszucki 于 1989 年以教育为目的创建了名为 Interactive physics 的 2D 模拟物理实验平台，如图 7-3 所示，这个软件用于教学演示，能够让小朋友创建 2D 物理模拟器，进行杠杆、坡道、滑轮、撞车、拆房子等物理实验。Baszucki 从创业初期就以"游戏＋教育"为出发点，并充分挖掘儿童的创造潜力，这为 Baszucki 创立 Roblox 做了铺垫。

后来创始人想要更大规模地满足学生的想象力与创造力，于是在 2004 年成立了Roblox，其初衷是打造乐高式游戏创作平台，玩家可以在这个平台上交互，一起玩游戏、学习、交流、探索和连接。虽然 Roblox 目前社区里主要是小游戏，但其从一开始的定位就不只局限于游戏，尝试解决玩家学习、交流等需求。

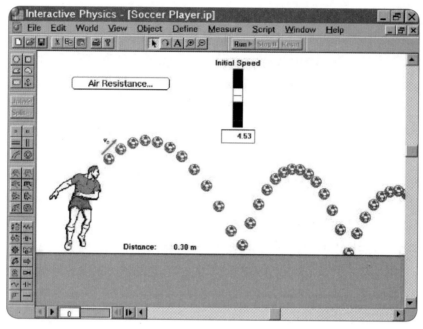

图 7-3

整个 Roblox 的发展，如图 7-4 所示。2004 年，Roblox 创立。2013 年，Roblox 推出开发者交易计划，为开发者提供货币激励，开发者满足一定条件即可兑换现金。2016 年，Roblox 开发者可以在 Xbox One 上发布他们的游戏。2017 年，Roblox 上的顶级开发者一年能挣 300 万美元。2018 年，Roblox 的开发者社区创造了超过 7000 万美金的收入。Roblox 公司将其在游戏开发和运营的经验带入教育行业，少儿编程便是其中重要的一块细分市场。2018 年，腾讯宣布与 Roblox 建立战略合作关系，共同组建合资公司罗布乐思，通过打造"游戏＋教育"形式，以培养下一代的编程、科技人才和内容创造者。

Roblox 在 2020 年 6 月宣布每月同时在线用户突破 1.5 亿，根据财报，这家公司在 2020 年的营收达到 3.84 亿美元。作为元宇宙第一股，2021 年 3 月 10 日 Roblox 在纽交所直接挂牌上市。

图 7-4

　　玩家可以通过购买 Robux 虚拟货币来体验平台内开发者生产的优质游戏内容，之后公司会根据游戏内购及游戏时长等指标向开发者分成。Roblox 招股书显示，2021 年 Roblox 支付了 3.287 亿美元分成给开发者，较 2019 年翻了两倍。在 Roblox 的个人游戏开发者当中，有人每个月赚上万美元；也有人能月入数十万美元。这就是 Roblox 的神奇之处，如果你不算很懒又会做游戏，你甚至可以自己在游戏上赚钱来为游戏氪金（Pay to Win）。虚拟货币 Robux 现在如同比特币一样值钱。对于游戏开发者来说，积累了足够的 Robux，就可以将它换成真实世界的货币，现在一个 Robux 大约可以兑换 0.0125 美元。可能每个玩家都想要做一款能伴随着自己成长，并且能让很多人玩到的游戏，Roblox 做到了这一点。

　　Roblox 上市后，市值从 C 轮融资的 40 亿美元增至 450 亿美元，暴涨十倍之多。这是个非常高的数字，不仅超过了发行《堡垒之夜》的 Epic Games，甚至超过了 Take-Two 和育碧加起来的总和。谁能想象，如今市值 450 亿美元的 Roblox，11 个月前的估值才仅为 40 亿美元。

7.1.3　Roblox 平台组成

　　Roblox 平台由 3 部分组成，分别为 Roblox Studio、Roblox Client 以及 Roblox Cloud。

　　Roblox 客户端主要面对的是玩家，是供玩家体验 Roblox 上 3D 世界内容的平台，如图 7-5 所示，用户在这个平台上有一个统一的 3D 虚拟形象，然后，使用这个形象进入各个不同的游戏中游戏。Roblox 内置虚拟分身编辑形象系统，支持玩家修改、设计、创造其虚拟身份的肢体形象、服饰、动作等特征，玩家也可以从商店中购买已经设计好的特定形象。Avatar Editor 为玩家提供极大的自由度以个性化其形象，Roblox 会在各个设备中适配玩家已经设定的形象，确保在绝大部分游戏体验中保持玩家形象的一致性。目前，Roblox 支持 iOS、Android、PC、Mac、Xbox 以及 Oculus Rift、HTC Vive 等 VR 设备。Roblox 确保玩家只需要接入互联网，就能够以极低时延进入虚拟世界并开始与其他玩家互动。Roblox 在多个设备上的兼容、一致性以及用户形象的个性化程度，为玩家提供了极强的代入感和身份感。

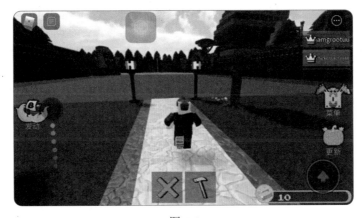

图 7-5

　　Roblox Studio 面对的是开发者，通过提供实时的社交体验开发环境，让创建者可以直接操作 3D 环境。如图 7-6 所示，Roblox Studio 的主体本质上是一个开放的游戏引擎。游戏引擎包含以下系统：渲染引擎（包含二维图像引擎和三维图像引擎）、物理引擎、碰撞检测系统、音效、脚本引擎、电脑动画、人工智能、网络引擎以及场景管理等。

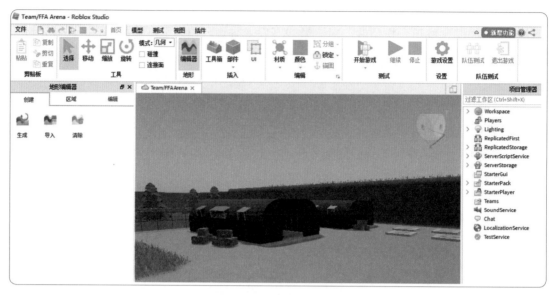

图 7-6

　　Roblox 的前后端开发语言都是 lua，学习成本很低，引擎本身已经包含了很多功能，例如背包、聊天、队伍等系统，开发者可以直接使用这些功能。Roblox 在客户端与服务器上都有很完善的框架，开发者在不了解复杂游戏框架的情况下也能快速上手进行开发。

　　Roblox Studio 相较 Unity 和虚幻这类专业引擎，其门槛更低，"乐高式封装"降低了编程门槛，提高了全民创作的可能性，并且开发完成后可直接在 Roblox 平台上面向所有玩家发布。如图 7-7 所示，相对于 MOD 类游戏创作，Roblox Studio 提供了素材选择和创作自由的更大余地，且作者对游戏作品具有了一定的所有权。

引擎	代表作	开发门槛	创作自由度	素材	服务器+发布	成果所有权
unity	王者荣耀，原神	较高	高	需专业开发	无	作者所有
虚幻	绝地求生，堡垒之夜	高	高	需专业开发	无	作者所有
Roblox studio	Adopt me	较低	较高	门槛较低，且提供交易平台	提供服务器且在平台上发布游戏	作者与平台共有
魔兽争霸编辑器	Dota，真三国无双	低	低	主要使用游戏内素材	提供服务器	平台所有
GTA线上模式制作器		低	低	主要使用游戏内素材	提供服务器	平台所有

图 7-7

除了游戏创意与开发，Roblox Studio 还为开发者提供发行、渠道等全套服务。区别于传统的游戏引擎，Roblox Studio 游戏开发者只需要专注于游戏创意和开发，平台能够帮助提供数据后台、运维容灾、好友聊天、网络通信等服务和游戏的发行渠道。

Roblox Cloud 提供网络存储、网络安全、网络传输等相关的支持服务及基础设施，负责游戏虚拟主机、数据储存以及虚拟货币等业务；同时为玩家、开发者、内容创作者服务。Roblox 拥有基于自有基建的云架构。Roblox Cloud 运营的大部分服务都托管在 Roblox 托管数据中心，对于一些缓存数据库、对象存储和消息队列服务以及需要额外计算资源时，Roblox 使用 Amazon Web Services。所有负责为 Roblox 客户端模拟虚拟环境和传输素材的服务器均归 Roblox 所有，并且广泛分布于北美、亚洲和欧洲的 21 个城市的数据中心，具有较强的容灾能力。

Roblox 使用的是主从架构，这也是一种多玩家游戏的通用框架。在你畅玩使用 Roblox 创作的游戏时，你的个人计算机、手机、平板电脑或游戏机就成为客户端，游戏中的每一位其他独立玩家也各自是一个客户端。游戏中的所有客户端（玩家）都会连接到一台功能强大的 Roblox 计算机（也就是所谓的服务器）。服务器就像是这个游戏的管理员，它会确保每位玩家看到和体验到的游戏世界与其他玩家完全相同。Roblox 本质上是提供游戏游玩与开发的平台，降低了游戏开发门槛，让玩家自行开发游戏模式，它既降低了游戏开发成本，又兼顾了玩家创新与互动性。

7.1.4　Roblox 用户画像

Roblox 核心用户年龄层：Z 世代（Z 世代是一个网络流行语，也指新时代人群，他们一出生就与网络信息时代无缝对接），如图 7-8 所示，24 岁及 24 岁以下的用户，约占 70% DAU（Daily Active User 指日均活跃用户数量，用于反映网站、互联网应用或网络游戏的运营情况的统计指标）。Z 世代人群创造力成为 UGC 内容创作平台的重要资产。一方面，Z 世代的创新意识较足；另一方面，Z 世代对线上社交内容创作接受度较高。

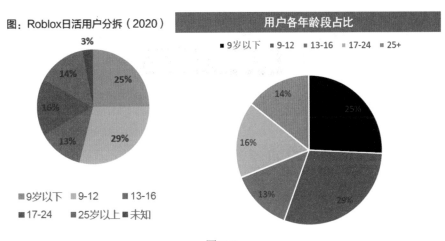

图 7-8

7.1.5 Roblox 商业模式

Roblox 的商业模式分成案例如图 7-9 所示。玩家买入 Robux 虚拟货币，通过游戏内氪金、UGC 社区等渠道进行消费。最终开发者获得 20% 分成，而平台则获得 55% 的分成。从结果来看，平台可以躺着赚钱，利润率相当可观。

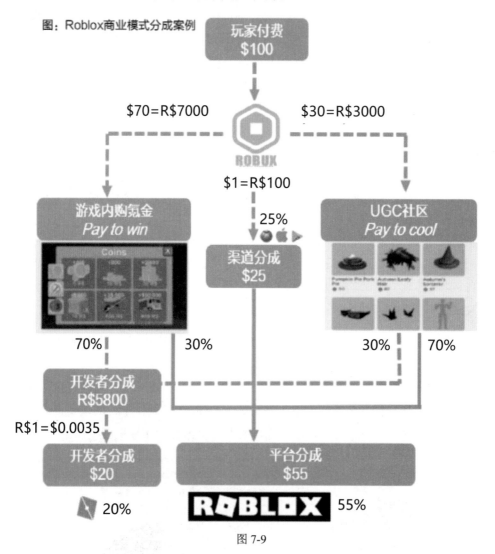

图 7-9

7.2 Roblox 开发游戏探秘

游戏中遇上 Bug 谁都不好受，碰上这种情况有的玩家会想，"我要是开发者就好了"。如果有一个机会让普通人也能成为游戏开发者，你愿意吗？ Roblox 便提供这个机会。

7.2.1　Roblox Studio 下载和安装

不论是罗布乐思还是 Roblox 官网，都提供了开发者入口 https://robloxdev.cn/，如图 7-10 所示。

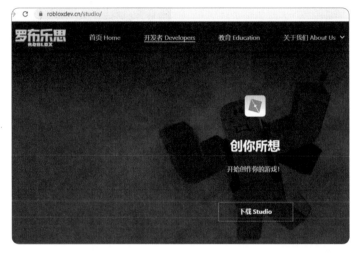

图 7-10

Roblox Studio 是制作 Roblox 游戏的必要开发工具。要运行此免费软件，需要一台 Windows 10 系统的 PC 或 Mac 电脑。Roblox Studio 无法在 Chromebook 或智能手机等移动设备上运行。

下载完之后是一个 RobloxStudioLauncherBeta.exe 安装包文件，双击运行，它就会自行安装，请耐心等待。你可以在 "C:\Users\(用户名)\AppData\Local\Roblox\Versions" 中找到它，如图 7-11 所示。

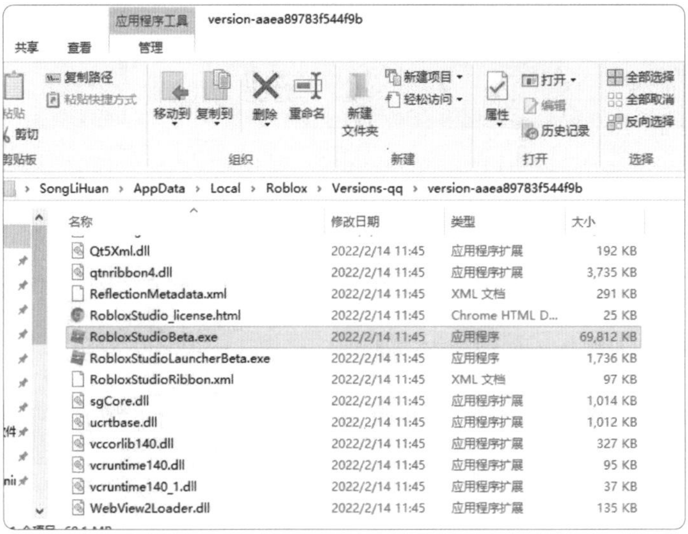

图 7-11

运行 RobloxStudioBeta.exe 程序，启动 Roblox Studio 开发编辑游戏软件，如图 7-12 和图 7-13 所示。

图 7-12   图 7-13

7.2.2 Roblox Studio 开发游戏入门

笔者指导大家制作一个简单游戏，来探索 Roblox 赋给我们创作游戏的能力。我们先来看一个"障碍跑游戏"，在障碍跑中，玩家从一个位置跳到另一个位置，同时要避开障碍物才能到达关卡的终点。如图 7-14 所示，在游戏中使用字母键 W、A、S、D 来四处移动角色，使用空格键进行跳跃。

在 Roblox Studio 中，单击左上角的"New（新建）"按钮，通过选择"Baseplate（底板）"模板启动新项目，如图 7-15 所示。

图 7-14

图 7-15

如图 7-16 所示，如果我们直接在灰色的底板上开始制作障碍跑游戏，玩家在错过起跳机会时只会有惊无险地跌倒在底板上，而不是死亡。这应该不符合我们想给予玩家的挑战。所以在制作障碍跑游戏之前，我们需要从项目中移除 Baseplate（底板），需要一个完全空白的世界来开始制作障碍跑游戏。

图 7-16

如果未显示"项目管理器"窗口，请选择"视图"选项卡，并单击"项目管理器"按钮，如图 7-17 所示。

图 7-17

弹出"项目管理器"窗口，此窗口列出了游戏中的所有对象，如图 7-18 所示，单击"Baseplate"以选择它，再按键盘上的 Delete 键将其删除。

图 7-18

制作游戏的第一件事就是决定玩家从哪里开始游戏。SpawnLocation（重生位置）是玩家在游戏开始时或从平台跌落后出现在游戏世界中的位置。如未设置 SpawnLocation，玩家可能会随机出现在任意位置，然后跌落身亡。我们需要创建一个重生位置，为障碍跑游戏提供安全的玩家生成点。

这里描述一下如何创建 SpawnLocation。在"项目资源管理器"窗口中，将鼠标悬停在"Workplace"上，然后单击圆圈按钮，滚动下拉列表，如图 7-19 所示，找到"SpawnLocation"，然后单击它，此时将在镜头视角的正中心创建新的重生位置。如图 7-20 所示，这时 SpawnLocation 会出现在镜头视图正中央。

图 7-19

图 7-20

如果部件距离镜头过远，可能很难对其进行处理。利用镜头控制和快捷键可以更好地看到正在处理的部件。比如要将镜头聚焦到 SpawnLocation，可以在"项目管理器"中选择 SpawnLocation，按 F 键将镜头聚焦到所选部件上。如图 7-21 所示的镜头控制操作，移动镜头即可获得更好的视角。

镜头控制

控制	操作
W A S D	移动镜头
E	抬起镜头
Q	降低镜头
Shift	慢速移动镜头
鼠标右键（按住并拖动鼠标）	转动镜头
鼠标滚轮	放大或缩小镜头
F	聚焦所选对象

图 7-21

如果无法移动镜头，则先在游戏编辑器内单击。例如，如果单击了"项目管理器"窗口，我们将无法使用 W、A、S、D 键在游戏编辑器中进行移动。

部件（Part）是游戏中的构建基块。我们可以利用它们来为游戏构建各种环境和模型。如图 7-22 所示，我们要使用它们构建障碍跑的一系列平台，选择"模型"选项卡，单击"部件"图标。

图 7-22

如图 7-23 所示，在镜头视角的正中心创建新的部件，如果我们想要进一步控制部件出现的位置，则放大镜头并让部件在我们想要它出现的位置居中显示。

图 7-23

新部件是玩家跳跃的第一个平台，玩家需要从生成点到达此部件。选择该部件（在游戏编辑器窗口中单击它），使用镜头控制来获得合适的视角。如图 7-24 所示，选择"移动"工具，拖动带颜色的箭头将部件移至重生位置附近，让玩家执行简单的第一次跳跃。

在四处移动部件时，我们可以利用碰撞（Collisions）和对齐（Snapping）这两个设置来更好地控制部件。在移动部件时，我们可能会发现一个部件在触碰到另一个部件时会出现一条白色的轮廓线，这就表示部件之间发生了碰撞。在 Roblox Studio 中，碰撞功能可以控制部件能否穿过其他部件（如果将碰撞设置为开，则无法将一个部件移至任何一个会与另一个部件重叠的位置。如果将碰撞设置为关，则可将部件随意移动至世界的任意一个位置）。

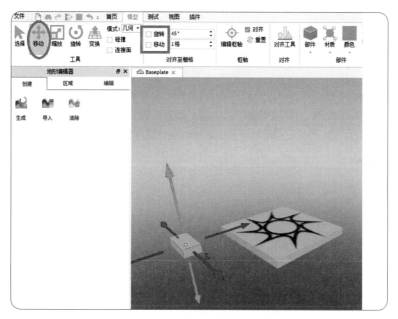

图 7-24

对齐是部件进行一次移动、缩放或旋转时的范围数值。如果部件一次仅按"步"移动或旋转 45°，则是因为使用了对齐。在创建需要精确放置的项目时对齐非常好用，例如需要 90°垂直放置的建筑物的墙壁等。为了更轻松地移动部件，建议关闭对齐功能。

如图 7-25 右侧所示，取消勾选旋转（Rotate）或移动（Move）旁的复选框以关闭对齐功能。

图 7-25

如果现在测试游戏，就会发现我们添加的所有部件（除 SpawnLocation 外）都会掉落。对部件进行 Anchor（锚定）后，即可将其固定至当前位置，即使被玩家或其他对象撞到时，也不会挪动半分。如图 7-26 所示，选择我们想要锚定的部件，在"Properties（属性）"窗口，勾选"Anchored"。

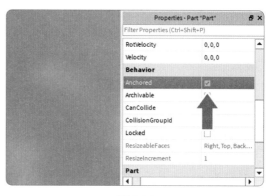

图 7-26

更改部件的大小和角度，不仅能够让我们发挥自己的创意与设计，还可以借此调整游戏难度。为了使我们的跑道充满设计创意，平衡其难度，需要改变插入部件的大小和角度。如图 7-27 所示，选中"缩放（Scale）"工具，选择障碍跑中的部件，朝任意方向拖动带颜色的握柄，我们可以十分轻松地沿任意轴对部件尺寸进行调整，还可以更改部件的颜色。

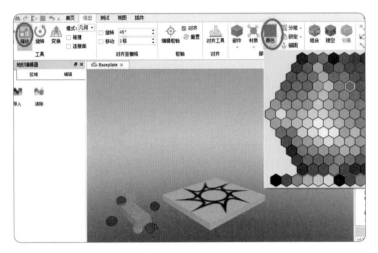

图 7-27

旋转部件的操作方式与缩放操作相似，如图 7-28 所示，选择"旋转"工具，拖动球体上的握柄，使其绕轴旋转。

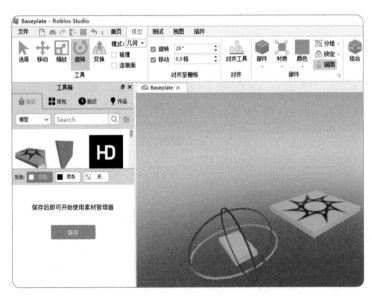

图 7-28

只有一次跳跃的障碍跑游戏算不上有趣。运用刚刚学到的知识与工具，如图 7-29 所示，为自己的游戏再添加 5 至 6 个部件吧。通过单击"部件"按钮下的小箭头来尝试创建不同类型的部件（如方块、球体、圆柱等）。同时可以适当调整这些部件的尺寸或旋转角度，以避免游戏过于单调。

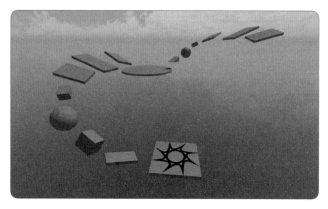

图 7-29

现在我们的障碍跑只是灰色部件的集合，可能看起来有点单调。我们可以通过编辑部件的属性来更改其颜色和材料。如图 7-30 所示，在"属性（Properties）"窗口中单击"Color（颜色）"字段中的小框以选择新颜色，在"Material（材质）"字段中单击现有材质并从下拉菜单中选择其他选项。

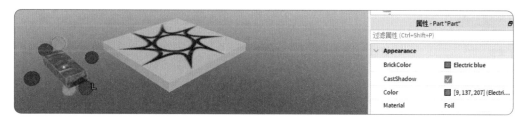

图 7-30

制作好障碍跑游戏后，可以测试玩一下以确保一切顺利运行。如图 7-31 所示，单击"测试"菜单下"开始游戏"按钮，可直接在 Studio 中开始游戏测试。

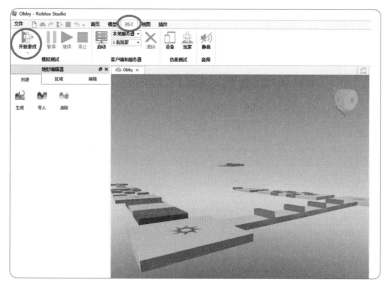

图 7-31

请确保可以顺利完成障碍跑游戏，所有部件都处于正确的位置。试着平衡游戏的难度，如果某次跳跃难度太大，玩家会失去信心；但如果难度太小，他们可能会感到无聊。

我们还可以发布游戏，Roblox 上的其他玩家便可以玩我们制作的游戏了。如图 7-32、图 7-33 所示，选择"文件（File）"菜单，单击"发布至 Roblox（Publish to Roblox）"，弹出"发布游戏"窗口。而"游戏设置"菜单项可以设置权限，设置谁可以玩这个游戏，如图 7-34 所示。

图 7-32　　　　　　　　　　　　　　　　图 7-33

图 7-34

现在，我们的第一个 Roblox 游戏完成了！试着和朋友玩一下，以最快的速度到达赛道的终点。在 Roblox 创作游戏，是不是很简单有趣呢。

7.3　Roblox 的内在逻辑

7.3.1　Roblox 实体是 UGC 平台

当前主流的游戏开发方式为 PGC（Professional Generated Content，专业生产内容），以 Roblox 为代表的 UGC 平台为游戏行业的内容创作方式带来了新的想象空间。UGC 模式和 PGC 模式的比较如图 7-35 所示。UGC 模式本质是降低游戏开发门槛，由玩家自行开发玩法模式 + 游戏世界。创意内容 + 玩法由玩家生产，玩家需求自我满足，无法产出爆款的风险大幅降低。但早期阶段在大部分市场，游戏 UGC 仍处于市场教育阶段，相比于其他内容 UGC 平台，游戏内容创作周期和挑战仍存在问题。

	UGC 模式	PGC 模式
开发工具	门槛低，简单学习后可上手	门槛高，需专门学习
成品质量	相对粗糙，以创意和玩法取胜	高，画面建模等更精细
开发者	数量多	数量较少，仅限游戏行业专业人员
成本	低	较高
建模	无需单独建模，使用封装化模型	需单独建模
内容风险	低	高，爆款风险，受众风险等

图 7-35

类比视频赛道，UGC 模式对于内容创作生态将是革命性的。游戏 UGC 和视频 UGC 的比较如图 7-36 所示，游戏的付费模式如买断制、氪金、饰品道具销售等方面的探索均较为成熟，能够依靠自身内容变现；而文字和视频内容平台需要依托内容获取流量，再将流量以广告等形式变现。游戏相比文字或视频内容具有更高的沉浸感和社交属性，有望带来更高的变现效率。

游戏UGC和短视频UGC的相同与不同	
相同	不同
内容成本低 创作生态更有活力 能够匹配长尾需求 爆款潜力大	游戏UGC可直接通过游戏付费变现；短视频UGC需要借助广告、电商等变现渠道 信息接收方式：短视频为单向输入信息，游戏中玩家与内容互动更多

图 7-36

其实不难看出，基于 Robux 构建的 UGC 社区，玩家同时也可以是开发者。而对于 Roblox 而言，其本质是一个游戏引擎，实体是 UGC 平台。这就引出了公司的核心逻辑：UGC 内容生态 + 社交属性构筑的飞轮效应，如图 7-37、图 7-38 所示，用通俗的话来讲就是：越多开发者创造游戏 + 玩法内容，玩家沉浸时间越长，通过社交网络吸引越多新用户；玩家基础扩张的同时，由于 UGC 的激励 + 反馈经济系统，越多玩家变成开发者，形成正向飞轮效应。同时，飞轮效应驱动 ARPU（Average Revenue Per User，每用户平均收入）增长，内容越好玩，越多人玩，越互动越社交越好玩，玩家付费意愿越强；越高的变现能力驱动越多的开发者打造更加好玩的游戏，形成正向飞轮效应。

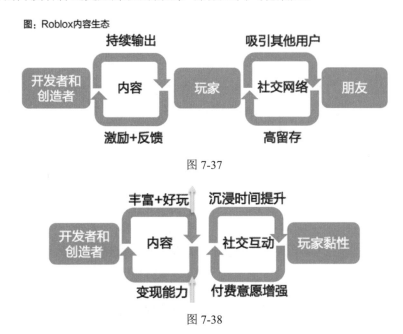

图 7-37

图 7-38

7.3.2 解密 Roblox 平台代表性游戏 *Adop Me*

Adopt Me（收养我吧，见图 7-39）是一款将饲养虚拟宠物作为主要玩法的游戏，其同时在线人数稳定在 60 万~70 万，最高同时在线玩家达到 160 万。

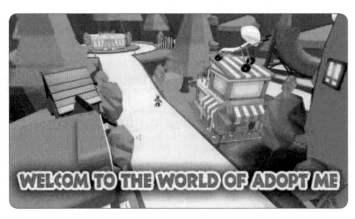

图 7-39

绝大多数玩家可能都没有听说过这个游戏，甚至听到这个名字想要去主机平台或者手机应用商店上搜索也无法找到。其中一部分原因在于，玩家无法在 Steam、Epic Games Store 或其他主流数字商店购买这款游戏，因为它在 Roblox 上线。作为一个具有沙盒属性的大型创作平台，Roblox 允许用户创作、售卖游戏，或者游玩其他人开发的游戏。Roblox

不是一款像《我的世界》或《堡垒之夜》那样的游戏，当你下载 Roblox 时，就相当于下载了一个启动器，它让你能够畅玩平台内的其他游戏。不过，Roblox 游戏的开发团队并非大型工作室，而是年轻的业余爱好者。

Adopt Me 核心概念很简单，某种意义上就像在一个共享世界里的电子宠物游戏。首次进入游戏时，你会领养一只宠物，同时得到属于自己的房子。你可以通过照顾宠物来获取虚拟货币，并使用虚拟货币为角色或宠物购买衣服，为房间添置新家具，或者购买汽车等奢侈商品。你可以教宠物一些技能，将宠物当成坐骑，甚至骑在它们身上飞行。随着游戏的深入，玩家还有机会解锁稀有宠物，例如耳廓狐或猫鼬。

笔者也上手玩了玩 *Adopt Me*。在这款游戏内，玩家们的聊天非常火热，经常有人发消息想要买卖特定类型的宠物。许多玩家邀请笔者去他们家里做客，其中一名玩家举办了一场支持黑人平权运动的"熄灯派对"，笔者抱着小狗去那里喝了些免费饮料。还有个玩家开了家比萨店：他买了比萨烤箱回家，把家当成了一间餐馆，免费向客人提供所有食物。玩家们坐在桌旁，使用聊天功能下单（进行角色扮演），然后耐心地等待比萨上桌。

Adopt Me 提供付费选项，但玩家无须花钱就能体验到游戏里的绝大部分内容。在游戏中，玩家花钱只能购买更多的虚拟货币。某些稀有宠物蛋的售价较高，可能会达到 1000 虚拟币。玩家可以通过增加游玩时长（每 20 分钟积累 20 虚拟币）、照顾宠物或完成它们的愿望来赚取货币，所以理论上讲，玩家就算一分钱不花，也能得到自己想要的奖励。话虽如此，如果你看到有人骑着会飞的熊猫穿越城镇，那么你很可能想花点钱把它直接买下来，而不想花很长时间积攒虚拟货币。

作为游戏平台，游戏"好玩"是一切的基础。虽然画面相较主流 PGC 游戏有些粗糙，但 Roblox 在画面和引擎上的取舍降低了玩家的硬件负担，降低了开发者工作强度，使之更注重内容和玩法，进一步增强吸引力。同时，低门槛引擎有助于吸引更多有想法的玩家变为开发者，助力开发及 UGC 生态，也暂时缓解了元宇宙对算力的极高要求。

7.3.3　为开发者提供多种变现方式

Roblox 为开发者提供多种变现方式，充分激励创作者。目前创作者能够在平台上通过售卖体验（游戏）和内购、基于用户参与度贡献的创作者奖励、向其他开发者销售开发工具和内容、在虚拟物品（装饰、动作等）市场上出售商品等方式获取收入。创作者赚取的收入将留存在其虚拟账户上，满足一定条件的开发者能够通过开发者交易项目（Developer Exchange Program）获取美元收入。2019 年，共有 2600 名开发者通过该项目获取了 1.12 亿美元收入，而 2020 年共有 4300 名开发者通过该项目获取了 3.29 亿美元收入。Roblox 各个季度开发者分成费用及其占收入比例，如图 7-40 所示。2020 年 Q1 以来，公司开发者分成费用持续快速上升，费用率一度达到 42%，主要受总流水（Bookings）增加驱动，更多的开发者在 Roblox 平台上获得了货币激励，预计未来开发者分成费用绝对值和占总流水比例仍会持续上升。

图 7-40

7.4 Roblox 为什么如此好玩

我们认为元宇宙发展的第一阶段会是社交＋游戏元宇宙，游戏 UGC 门槛进一步降低，VR 硬件普及率提升，游戏性能持续突破，游戏内容膨胀扩张。而 Roblox 能吸引这么多用户，从纯玩家的视角来看，是因为比起其他游戏，Roblox 社区实现了玩法众多、熟人 / 陌生人社交、即点即玩。

7.4.1 玩法众多

Roblox 作为一款沙盒游戏，玩家可以体验大量玩法，包括 RPG（Role-playing game，角色扮演游戏）、MOBA（Multiplayer Online Battle Arena，多人在线战术竞技游戏）、FPS（First-person Shooting Game，第一人称射击游戏，是以玩家的主观视角来进行射击的游戏）等主流玩法，其他游戏往往只能实现单一玩法。

Roblox 大部分游戏比较轻量。同时 Roblox 在云端做了兼容，可以非常灵活地调配云端和客户端运行对资源的需求，这使得玩家在打开客户端后立刻就能同时模拟和渲染世界，实现即点即玩。

在 Roblox 上可以同时玩到 RPG、MOBA、FPS 等绝大多数游戏。例如即点即玩的特性下，玩家可以随时体验 *CS:GO* 的 Roblox 版本，而要体验真正的 *CS:GO* 只能通过下载 PC 端的游戏。Roblox 社区内还有大量类似 *CS:GO* 的经典游戏，如图 7-41 所示，相较于其他游戏只能体验某一种游戏玩法，Roblox 可以轻松体验绝大多数玩法。

图 7-41

同时，Roblox 多人游戏非常便捷，不仅可以邀请好友，也可以进入游戏后即时与陌生人匹配。

为什么小游戏玩法多＋便于多人游戏的模式如此受玩家欢迎，我们认为有以下几点原因：

（1）玩家对游戏玩法的兴趣点是不断变化的，游戏需求不局限于某一玩法：近年来，细分赛道的爆款游戏不断涌现，变化的原因在于玩家对于玩法的兴趣点在不断变化。而 Roblox 囊括一切玩法的特性，以及创作者可以通过较短的周期和低成本进行研发，使得玩家对于玩法的需求总能在平台上获得满足。

（2）多人游戏的需求始终存在：近年来"Party Games"的兴起（*Among us*，*Pummel Party*），反映了多人游戏的需求始终存在。

这种模式特别适合中小学生的同学和朋友关系，同时 Roblox 的画风和即点即玩、设备要求低的特性更适合学生群体。据统计，在海外，Roblox 的用户以学生群体为主，截止 2021 年 Q1，Roblox 平台上 13 岁以下用户日活达到 2130 万，占比达到 51.0%。

7.4.2　熟人与陌生人社交

Roblox 可满足熟人社交和陌生人社交的双重需求，它的社区功能区占比较高，主要有导入外部好友、熟人交流与陌生人交友。

Roblox 在海外的推广，很大程度依赖于中小学生在校园内的口口相传。这种模式下的传播效果可能短期内并不显著，但是这使得进入平台的用户流量带着现实里的熟人关系。

Roblox 在国内的宣传也有刻意引入用户熟人关系的考量。首先，Roblox 主要的宣传方式是在校园内进行线下推广，这也是考虑到海外 Roblox 的画像以学生为主。其次，如图 7-42 所示，在 Roblox 首页分栏社区功能示意图上，最醒目的位置设置有添加好友和好友概况，玩家可以通过外部来源（微信和 QQ）导入已有的好友资源。这一设置使得 Roblox 可以靠着微信和 QQ 庞大的流量池进行熟人间的扩张。

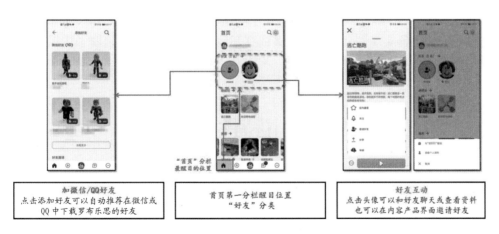

图 7-42

Roblox 中的"好友"分类可以通过昵称进行好友搜索，玩家可以进行游戏内虚拟身份的社交。便捷的陌生人交友和匹配功能，使得 Roblox 线上线下、熟人陌生人社交需求均可以得到满足。

7.4.3 庞大的创作者

Roblox 有着非常庞大的创作者规模，全球有上千万的创作者。Roblox 能吸引庞大的创作者，是因为无门槛注册和全免费的模式降低了游戏创作的门槛，以及为创作者提供了稳定的分账模式。

游戏创作尚未出现庞大的业余创作者群体，目前市场上的游戏以 PGC 游戏产品为主，业余创作者的产品非常少，且在绝大多数人的观念里，游戏创作是专业工作室才能完成的。同为内容产品，影视创作有草根的业余影视创作者、小说创作有庞大的网文作者团队，其他内容产业的 UGC 团队在各自的领域有着明显的声量和收益，而游戏创作尚未出现庞大的业余创作者团队。

游戏创作尚未出现这样的业余创作者团队，主要受限于 UGC 游戏创作工具有限、UGC 游戏产品上手门槛较低、游戏开发周期太长成本太高。UGC 游戏创作目前只有以 Roblox 为代表的沙盒类游戏可以实现创作广泛的游戏类型。Roblox 较其他沙盒类游戏，还实现了上手门槛大幅降低，可开发的游戏更多，游戏创作速度更快。

Roblox 无门槛全免费的模式，使得创作成本大大降低。Roblox Studio 的编辑器、服务器和大量的美术资源都是免费的。通常产品研发周期只需要 2~3 个月，版本快速上线只需要 24 小时。

根据 Roblox 招股说明书，Roblox 会与创作者进行稳定的分账模式，创作者会获得一款游戏流水的 24.5%。Roblox 不仅和游戏创作者分成一款游戏产生的收入，更推出了大量的创作者扶持计划，包括奖金激励，和在 Roblox APP 获得推荐位的曝光，以此激发创作者热情。

Roblox 禁止玩家通过不联网的方式打开地图，另一款沙盒游戏 *MinecraftMinecraft* 则可以通过私人服务器实现部分联网或者离线打开地图。Roblox 完全阻断了盗用创作者产品设计的可能，进一步维护了创作者权益。

7.5 Roblox 的元宇宙特性

Roblox 和其他游戏的差异，表现在其定义的元宇宙特性上。根据 Roblox 招股说明书，元宇宙有八要素：身份、朋友、沉浸感、低延迟、多元化、随地、经济系统和文明。

（1）身份：并非单一游戏的身份，而是社区化的身份。玩家在游戏中都会注册一个虚拟身份，但是不同于其他游戏的是，Roblox 的虚拟身份大多是以线下关系为基础的，同时也可以在虚拟社群里使用。

（2）朋友：以现实熟人关系为基础，在社区里进行虚拟关系的扩张。相较于在大部分游戏中，玩家刻意把游戏里的身份和现实身份分离，Roblox 立足于现实熟人关系，但是也为用户提供了虚拟关系的便捷交友。

（3）沉浸感：Roblox 可以实现线上线下诸多功能，使得其社区更趋近真实的社区。其他游戏主要围绕着本身游戏的玩法以及游戏内的社交关系，玩家的生活无法被游戏替代太多。而由于 Roblox Studio 强大的功能和丰富的内容供给，未来有望在教育等领域提供更多更丰富的内容。

（4）低延迟：Roblox 通过云端的建设实现了即点即玩。

（5）多元化：大规模创作者的入驻，为平台带来了大量的创意，形成多元化的社区。

（6）随地：Roblox 打通了 PC 端和移动端。

（7）经济系统：稳定有序的开发者创作分成模式，使得平台玩家能够获得稳定收益。类比《梦幻西游》，有着有效的经济调节，使得玩家在游戏中的投入和收获不会出现严重的贬值，因此很多玩家会沉浸在游戏内。Roblox 则更进一步，通过更加可调控的 Robux 虚拟货币使得平台的经济系统运行更加稳健，创作者和玩家消费形成稳健的循环。

（8）文明：大规模的内容创作催化了优质的游戏内容。

Roblox 元宇宙所处的阶段，类似快手从工具走向社区化的进程。快手早期以 GIF 制作工具起家，2012 年开始向社区转型，2013 年引入了去中心化算法，加强了创作者曝光的机会。2014 年一批 YY 主播进驻快手平台，获得第一批以师徒、家族等社交关系为核心的社区。Roblox 目前的成长模式类似于快手从工具转型社区的思路，但是由于其创作的内容是以游戏为主的功能产品，而非短视频这类内容产品，所以 Roblox 的产品能够为玩家提供大量实际的功能（例如现有的多人游戏、教育、聚会或演唱会等），玩家可以真正"生活"在其中。随着逐步满足社区用户线上线下更多的需求，从而形成一个相对于现实世界的"元宇宙"社区。

从这个角度来看，Roblox 之所以不同于其他游戏，更接近元宇宙的概念，其核心原因在于：通过海量的创作内容，使得平台可以实现的功能大大扩张，广大的玩家群体从游戏世界里的被动消费者变成了真正生活在这个世界中的人。玩家在其他游戏里是无法覆盖线下社交、众多玩法体验等需求的。但是在 Roblox 游戏社区中，由于其强大的游戏功能和社区性，使得游戏模糊了线上线下的差异，实现了对更多玩家需求的覆盖。

第8章
解密元宇宙的沙盒游戏 The Sandbox

The Sandbox 是一个基于区块链技术开发的虚拟游戏生态系统，以虚拟世界为特色，玩家可以在其中建立、拥有和赚取利益，它属于 Play to earn（边玩边赚，玩赚）的模式。与传统的游戏不一样，玩家、艺术家和游戏设计师可以为自己创建资产和应用，例如游戏、立体模型和艺术画廊，并与他人分享，从而获得利益。尽管 The Sandbox 也有竞争对手，但这个生态系统提供了许多创造和互动游戏的机会。

8.1 The Sandbox 是什么

8.1.1 元宇宙游戏 The Sandbox 简介

2021 年 11 月 25 日，在元宇宙概念爆发之后，去中心化虚拟游戏世界 The Sandbox 终于迎来了春天。SAND 价格 7 天暴涨 120%，30 天完成 10 倍涨幅，生态内土地价格持续走高，按照当前 Opensea 价格显示，即使"地处偏僻"的虚拟土地价格也超过 3 个 ETH，价值超 8 万元人民币。此外，The Sandbox 还获得软银加持，得到了软银 Vision Fund 2 领投的融资。

在我们的孩提时期，家里后院的沙盒是我们的第一个艺术舞台，在那里，我们会和好朋友比赛、分享奇思妙想，当然还有最重要的事情——玩耍。我们在那里用成千上万个金黄色的沙粒建造了我们的第一座山丘、洞穴、城堡和城市，再给它们浇上一大桶水。再后来随着我们成长，后院里的沙子变成了电脑资源，婴儿围栏变成了显示屏。当"沙盒"被区块链驱动，就不仅仅是一个玩耍和进行测试的地方了。沙盒游戏简单来讲就是：游戏本身没有主线剧情，没有唯一的终点，而玩家则在游戏中通过探索与建设，体验游戏的乐趣。The Sandbox 以在游戏里打造游戏为主线，致力做成一个娱乐世界，通过区块链技术所带来的真正的所有权、数字稀缺性、盈利能力和互操作性的优势，将世界各地的用户连接起来。在那里，玩家可以使用平台代币 SAND 在以太坊区块链中创建、拥有自己的游戏体验并从中获利。在那里，你可以玩耍、创造、收集、赚取、治理和拥有游戏中的任何东西，在"沙盒"中创建一个辉煌的数字世界。

The Sandbox（见图 8-1）玩法类似于史上最畅销的开放世界游戏《我的世界》（Minecraft），

通过基于以太坊的功能型代币 SAND，游戏玩家可以通过 The Sandbox Game Maker，来创建数字资产（非同质化代币，也称 NFT），将其上传到商店，并通过简单的拖拉方式来创建游戏体验。在虚拟世界里，人们可以通过取得基于以太坊 ERC-721 协议创造的虚拟土地（LAND），解锁游戏里头的房地产、土地等。The Sandbox 世界中总共有大量的 LAND，而 SAND 则是一种基于以太坊 ERC-20 协议的功能型代币，将与 LAND 形成 The Sandbox 世界的双代币体系，作用是让玩家们参与去中心化自治组织的平台管理（可以投票）。

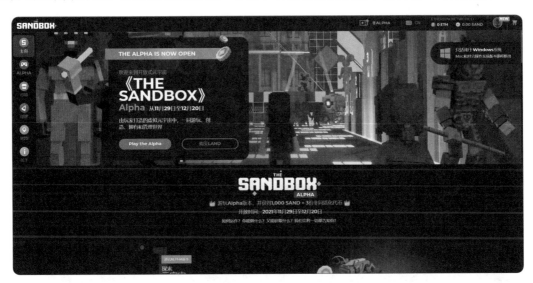

图 8-1

　　The Sandbox 目标是玩家可以自由地创造他们自己的虚拟世界，利用他们的创造力和想象力，在与他人合作的同时，按自己的意愿定制。为了实现这一目标，The Sandbox 上的每一个游戏内资产都会自动转换为不可替代代币（NFT），这是区块链上独特的、稀有的、不可替代的数字资产，允许用户轻松验证真实性和所有权。例如，你可以设计和创建一匹独特的马，并将其放入你的虚拟世界，作为坐骑使用。除了拥有它之外，你还可以在沙盒中为你的马设置预定义的行为和统计信息（例如，它能跑多快）。由于你的马作为 NFT 生活在沙盒生态系统中，因此你可以把它输出到市场上，定义它的稀有度和等级，并把它卖给其他人，以换取项目的原生 SAND 代币。此外，如果其他玩家同意，你可以移动你的马，并在沙盒中的其他互连的虚拟世界中使用它。而且你还可以用其他游戏中的资产做上述所有事情（例如，创造更多的马，为它们建立一个马厩，还有一个牧场），以构建你的世界或帮助其他人创造他们的世界。

8.1.2　The Sandbox 的价值

1. The Sandbox 是一个基于以太坊区块链的先玩后赚的游戏平台

　　The Sandbox 采用了"先玩后赚"的模式，允许玩家获得游戏中的奖励，而不一定要花钱购买游戏道具。出于这个原因，玩家可以享受更公平的游戏体验，特别是与有争议的模式（如 Pay to Win）相比，在这些模式中，玩家只能通过发行商的官方市场来购买道具以获得对他人的优势。The Sandbox 将 UGC 与 NFT 结合起来，使任何人都可以使用 3D 编辑器 VoxEdit 来制作自己的数字资产，并将其以 NFT 的形式导入游戏中。不论是收集代币还是获取奖励，都可以从去中心化设计中获益，也能够在市场中交换游戏物品、个人创作品。在未来，The Sandbox 可能会把真实世界的物体扫描导入到游戏中。

2. The Sandbox 是建造虚拟房地产的地方

The Sandbox 是建造虚拟房地产的地方，如图 8-2 所示。The Sandbox 目前拥有 10000+ LAND（土地）持有者，在首次公开的 1200 块虚拟土地拍卖中，总成交额达到了 749 亿美元，而在最近的第二波 2302 块土地的销售中，其中 1078 块土地在不到 1 分钟的时间内全部售空。The Sandbox 是一个令人兴奋的沙盒主题的区块链游戏项目，旨在建立一个去中心化的、由 NFT 驱动的游戏玩家平台和 LAND。

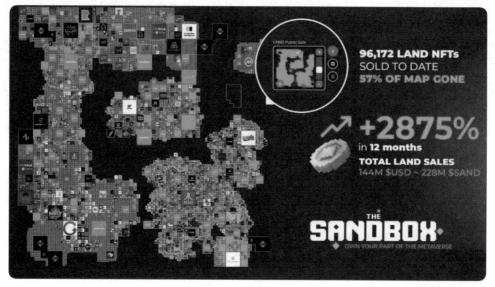

图 8-2

3. The Sandbox 是一个富有吸引力的社交中心

The Sandbox 是一个社交中心，其用户数量增长迅猛，目前有数以万计的创作者和 1 万名土地持有者，吸引着各种类型的玩家，不论是年轻人还是老人，不论是休闲玩家或职业玩家，也不论是不是专业的艺术家。在 The Sandbox，玩家不是因为"技术"来玩游戏，而是因为游戏富有乐趣和良好的体验。

4. The Sandbox 是一个创作环境

在 The Sandbox 生态系统中有上万名创作者，The Sandbox 的市场平台上基于 NFT 销售，一共支付给予创作者 130 万 SAND（价值约 817,000 美元），如图 8-3 所示。The Sandbox 市场平台上架了超过 11,000 个 NFT 可用于构建元宇宙。对那些想玩游戏的人而言，

The Sandbox 是一个游戏宇宙，既可以自己创建一个游戏，也可以玩他人创建的游戏；对于那些有兴趣以自己喜欢的方式谋生的人而言，The Sandbox 是一个框架，在这个框架中，有编程天赋的艺术家可以利用生态系统的市场来赚钱。The Sandbox 是一个社区驱动的平台，创作者可以在其中通过构建三维像素艺术品和完成游戏任务来获利。

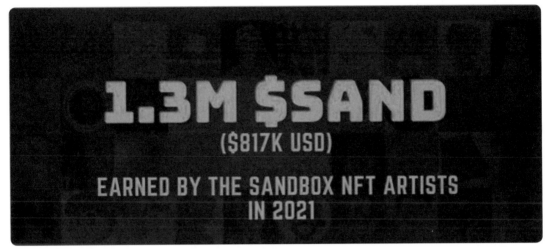

图 8-3

5．The Sandbox 是一个注重治理的社区

目前 SAND 代币已经上架币安、Gemini、火币、Upbit、Bithumb、Bittrex 等 20 多家主流交易所，累计交易量已超过上百亿 SAND。SAND 代币让持有者参与治理决策。SAND 代币的拥有者可以自己投票，也可以将投票权委托给他们选择的其他玩家，The Sandbox 将由社区本身完全分散管理。未来玩家才是 UGC 游戏的主人。玩家、创作者、艺术家、LAND 所有者还有 SAND 拥有者都是社区利益相关者，他们对 The Sandbox 生态系统做出的贡献将会转化为奖励并回馈给他们。他们与 The Sandbox 团队的利益是一致的，The Sandbox 团队也将以用户至上为原则，致力于以社区推动项目发展。

6．The Sandbox 是粉丝们的乐园

目前合作的品牌、IP 和名人数量超过上百个，涵盖音乐、娱乐、时尚和体育等领域。如 The Sandbox 宣布与史努比·狗狗合作，将这位传奇的说唱歌手、演员、作曲家、企业家和艺人带入到 The Sandbox 的游戏世界中。史努比·狗狗将在 The Sandbox 中拥有他自己的数码土地，他会在那里建造自己的豪宅。如图 8-4 所示，The Sandbox 在 2021 年 9 月 30 日举行土地拍卖，允许玩家购买毗邻史努比·狗狗豪宅的土地，成为狗爷在数码世界的邻居。史努比·狗狗还将推出他的 NFT 系列，包括玩家形象和限量的"史努比·狗狗私人派对门票"。拥有这张门票的用户将获得演唱会、活动、采访等 VIP 权限。史努比·狗狗还将在 The Sandbox 中推出 3D 头像系列，玩家将能够使用区块链上的"狗爷"物品创建游戏，如史努比·狗狗的个人汽车收藏、宠物狗、雕像、纪念品等。

图 8-4

与嘻哈传奇人物史努比·狗狗在 The Sandbox 数码世界中当邻居，想想就很令人激动，更何况你还能用独一无二的狗狗 NFT 做游戏头像呢。除了史努比·狗狗的加入，The Sandbox 还包括了《行尸走肉》《蓝精灵》《小羊肖恩》、雅达利等。Square Enix（代表 IP 包括：《最终幻想》《古墓丽影》和《龙腾世纪》）也在去年参与了 The Sandbox 的机构投资轮。这都是为了实现 The Sandbox 让玩家能够使用原创和知名的人物及世界来创造自己的体验的愿景。

7．The Sandbox 是一个做自己的地方

The Sandbox 的另一个维度是社交，所有用户都有属于自己的角色化身，在虚拟世界里面，大家可以用自己的化身，使用数千种选项创建和自定义自己的化身，如图 8-5、图 8-6 所示。你可以定制化皮肤、发型，甚至可以用装备提升属性，角色化身可以用来进入不同的游戏，与朋友或者陌生人社交，在 The Sandbox 元宇宙内，用户无论身在何处都能与朋友聊天见面。你可以尽情地在虚拟世界中表达自己，成为你想成为的样子。另外，在 The Sandbox 上产生了新的工作机会，包括数字建筑师、体验创作者、DAO 经理、地产中介/代理、虚拟策展、虚拟时装设计师等，你可以实现自己的梦想。

8．The Sandbox 是一个绿色长青的地方

大量 NFT 交易的生态一直是一个备受争议的问题。The Sandbox 正式公布将产品部署在 Polygon 上，从而助力将 NFT 碳排放减少 99%。Polygon 是一种区块链技术，旨在增强以太坊的可扩展性，继承了以太坊所有优点并且速度更快、成本更低。

由于 Polygon 的权益证明（PoS）共识机制，元宇宙的用户体验和生态友好性将得到大大增强。如图 8-7 所示，最大的 PoW 区块链每年可以消耗 35~140 TWh 的电力配额，需要 3~15 GW 的发电功率。相比之下，Polygon 的验证节点每年大约消耗 0.00079 TWh 的电力，需要的发电功率约为 0.00009 GW，比主要 PoW 区块链网络的能耗低几个数量级。

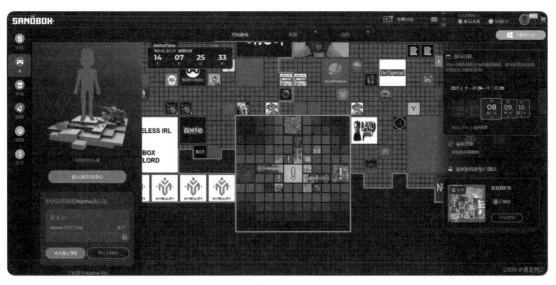

图 8-5

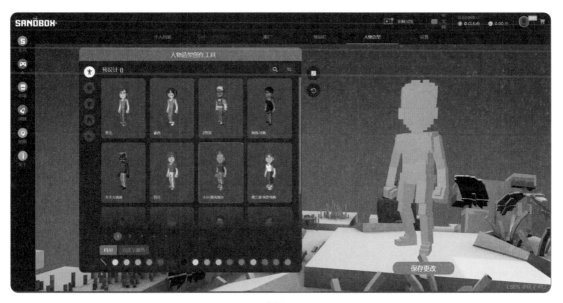

图 8-6

Polygon 能耗（TWh）	其他 PoW 能耗（TWh）
0.00079	35 至 140

图 8-7

　　随着 The Sandbox 整合 Polygon，用于构建体素游戏资产的 VoxEdit NFT 构建器、市场平台以及 Game Maker 游戏制作器，The Sandbox 的速度将得到极大的提高，而手续费将极大降低。具体来说，这个实现对 The Sandbox 意味着什么？将一个 NFT 从一个用户转移到另一个用户，大约相当于发送一封电子邮件；出售任何类型的 NFT（资产、土地等）所耗费的能量将比播放一部 2 小时长的电影还要少，而现在购买一块 LAND 就等于做 30 次谷歌搜索。The Sandbox 与 Polygon 集成，使土地和其他资产的交易、转售和转让变得更快、更便宜、更环保！

除此之外，The Sandbox 和 Nori 合作进行碳抵消，同时与 WeForest 合作帮助实行全球的森林再造计划。Nori 是一家成立于 2017 年 10 月的初创公司，其使命是通过清理碳排放来努力缓解和扭转全球气候变化。通过 Nori 平台，任何人都可以付费清除二氧化碳或通过储存二氧化碳获得报酬。WeForest 是一家森林重建的慈善机构，曾于 2014 年在马达加斯加种植了近 9000 棵红树林。The Sandbox 承诺用户在 The Sandbox 中每购买一公顷的虚拟土地，1% 的收益将用于 WeForest，以保护和恢复埃塞俄比亚、赞比亚和巴西的森林。

8.2 The Sandbox 平台工作原理

8.2.1 核心三要素

The Sandbox 平台有三个核心要素，理解了这三个核心要素你就大概知道这个游戏是怎么样的了。它是一个集齐了创造者和玩家的生态系统，其三个核心要素是：编辑软件 VoxEdit、The Sandbox 平台设计的交易市场 Market 和游戏创作软件 Game Maker。有了这三个解决方案，核心机制就是通过 VoxEdit 来创作 NFT，在市场中进行交易，通过 Game Maker 创作有趣的游戏，通过游玩、质押等行为赚取 SAND 游戏代币。

1. VoxEdit 编辑软件

VoxEdit 编辑软件是一个简单易用但功能强大的免费 3D 元素（元素是类似于积木的方形 3D 像素）建模和数字资产创建包，允许用户创建动画 3D 作品，如人类、动物、车辆、树叶、工具和物品件。VoxEdit 其实是 The Sandbox 团队重视内容创作者的一个体现，让玩家具有艺术创作、游戏创作的权利，可以让玩家使用 VoxEdit 创造出精美奇幻的作品。作品可以从 VoxEdit 导出，通过审核后上架市场，把作品转换为 NFT 数字资产，可以出售变现。

如图 8-8 所示，VoxEdit 是一个易于使用但功能强大的免费 3D 像素建模动画软件包，适用于 PC 和 Mac，允许用户创建 3D 物体并对其进行动画处理，例如人、动物、车辆、树叶、工具和物品。体素是类似于构建块的立方体 3D 像素，可以使用 VoxEdit 对其进行编辑，以快速创建精美的作品。构建完成后，可以将物体从 VoxEdit 导出到 The Sandbox 市场中，成为游戏素材资产。

笔者第一次使用 VoxEdit 制作的资产是一个陀螺仪，虽然这个资产只是由简单的底座及几个圆形所组成。VoxEdit 制作动画流程很简单，非常容易上手！

图 8-8

2. Game Maker 游戏制作工具软件

The Sandbox 实际上与《我的世界》以及 Roblox 都有一定的相似之处，它允许所有玩家免费打造和体验 3D 游戏，并且可以免费使用社区创作的数千个元素模型制作游戏。对于创作者而言，The Sandbox 提供的 Game Maker，如图 8-9 所示，可以打造个性化的游戏世界，而且游戏编辑器简单而直观，不需要任何代码知识也能顺利完成操作。Game Maker 提供 3 种不同复杂程度的工具来助你创建游戏：①基础，应用游戏模板创建新的级别和挑战；②进阶，新增元素并赋予游戏独特的外观和风格；③专家，调整特性并创建新的游戏玩法。

图 8-9

玩家可以通过 VoxEdit 创建游戏中的模型，完成创作之后，你可以在自己的 Game Maker 里使用，当然模型一旦通过官方的认可，就能放到官方的市场上进行售卖。有了模型之后，玩家可以通过 GameMaker，在不需要编程的情况下，创造游戏场景及对应的游戏玩法。但是如果要发布游戏，需要你在 The Sandbox 拥有 Land。

3. Market 交易市场

如图 8-10 所示，Maket 是 The Sandbox 的 NFT 市场，用户可以上传、发布和销售他们使用 VoxEdit 制作的 NFT 作品。NFT 作品首先上传到 IPFS 网络以提供去中心化存储，然后登记到区块链上以证明所有权。一旦完成，你的作品将成为资产，通过在市场上架进行交易，从而获得利润。

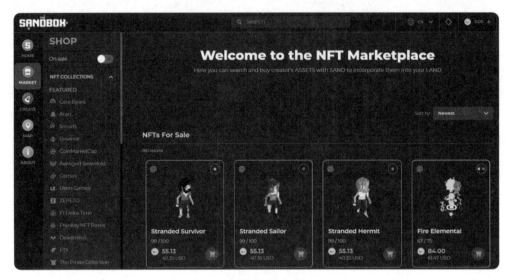

图 8-10

8.2.2 Play to Earn 商业模式

在过去的十年里，游戏行业的主流商业模式是"Free to Play"。这种模式是指先让玩家免费体验游戏中最基础的部分，然后开发商通过广告和应用内购买来获得收入。随着时间的推移，这种模式对普通玩家越来越不利，这种商业模式过于贪婪，但它却取得了巨大的成功。这种巨大的增长真正开始于 2007 年，当时 iPhone 发布，智能手机开始变得无处不在。如今，仅移动游戏产业就已价值几百亿美元。

移动端的游戏往往会采用极具侵略性的销售方案，从心理上操纵玩家购买"打包"的游戏物品。在这个环境中，那些拥有最多可支配收入的人，会通过直接购买的方式获得更高级的装备和更快的进阶时间，从而拥有巨大的优势。顶级的道具通常只能通过战利品箱随机获得，这个概率非常小。这就使得大多数玩家处于弱势，因为他们要么买不起，要么不愿意为这种奢侈的东西买单，需要几周或几个月的磨练才能免费获得同样的装备。

一种名为"Play to Earn（玩赚）"的新商业模式旨在直接解决这个问题。在这种模式下，开放的市场动态让游戏资产得以保值，更好地将激励机制与玩家结合起来。精明的开发商选择赋予玩家交易资产的权力，让他们拥有优越的所有权和控制感。同时可以创造更深层次的参与感，因为玩家会被直接激励去做日常任务，并成为游戏的忠实玩家。对创造大量价值的用户进行奖励，从长远来看会有很多好处。

Play to Earn 专注于最大限度地提高玩家的参与度，而不是利润。Play to Earn 意味着以下三点：

◎ 提供给老练的玩家赚钱的机会，作为高度参与游戏的奖励。奖励通常是游戏内货币的形式，具有开放的市场活力。

◎ 增强数字资产的所有权。玩家拥有并能够对其资产进行交易。

◎ 透明和参与性的游戏经济。游戏开发者允许并鼓励在游戏核心体验的基础上建立额外的体验。

目前游戏行业主要由封闭平台和闭环生态系统组成。玩家在游戏中花钱购买他们并不真正拥有的货币和物品，而且往往无法兑换成现实世界的价值。玩家从某一特定游戏中获得几个月的乐趣，但最终他们会流失。这个时候，他们无法变现他们花了几个月时间打磨获得的稀有物品。他们被困在那个游戏的封闭平台里，实际上是没有价值的。

大部分玩家其实从来不在 Free to Play 游戏上花钱。对于一些人来说，可能是因为他们买不起这些套餐；对于其他人来说，很可能是因为他们觉得自己没有得到足够的价值。花费了几个月的时间和金钱收集装备，但实际上是没有价值的。当你不玩这款游戏后，只能在信用卡上留下令人心碎的账单。

此外，玩家不知道游戏经济的后端发生了什么。游戏开发商以非透明的方式决定一种商品的供应量和通货膨胀率。封闭的生态系统间接地阻碍了消费，因为许多玩家在知道这些资产注定会永远被锁在自己的账户上后拒绝消费。

在现实世界中，消费者可以变现他们的实物资产，如汽车、房屋和其他财物，在数字世界中也应该是这样的。花上几个月的时间去打磨和制作稀有盔甲或解锁皮肤，应该更像是打造一台定制电脑或购买一辆汽车。当你不再需要其中的一些资产时，你可以把它们卖给别人。

虽然像"我的世界"这样的沙盒游戏，能让游戏玩家证明他们无限的创造力，但玩家还是面临着传统游戏解决方案的严重限制。即使他们可以在游戏中创造出惊人的东西，但他们不能拥有、出售或将其转移到其他视频游戏中。创作者无法就他们为生产内容所付出的努力获得回报。相反，发行商对所有游戏中的资产包括开发者和用户生成的内容，有完全的控制权，同时有能力禁止玩家，甚至撤销他们对自己创造或拥有的项目的访问权。

The Sandbox 是一个令人兴奋的沙盒主题的区块链游戏项目，基于区块链的 Play to Earn 奖励，旨在通过一个去中心化的、由 NFT 驱动的游戏玩家平台来解决这个问题。

区块链技术的出现使得 NFT 数字资产的创建成为可能，玩家能够在游戏中交易他们的资产。随着区块链的出现，现在可以让我们的玩家真正地拥有我们虚拟世界的一部分。The Sandbox 让玩家通过玩游戏、创建游戏玩法或者创建游戏中的模型来获得资产，而这些资产将能够在区块链世界里进行流通及变现。

正如我们在 The Sandbox 看到的那样，开发者不仅允许而且鼓励在游戏之上进行创造，以增强游戏的实用性。使用智能合约，每次购买外部艺术家设计的皮肤或资产，都可以包含一小笔收入分成，在一定时间内（或者可能是永久）自动支付。有才华的创作者可以因他们的设计而赚取补充收入，更不用说让他们的作品成为游戏中的纪念品了。通过在创意经济中为玩家赋能，艺术家们的作品可以获得世界范围内的认可。这一点可以在 The The Sandbox 中看到，在这个环境中，艺术家们被授权帮助打造他们的世界。

The Sandbox 背后的强烈愿景是提供一个真正的去中心化经济，游戏和内容由其用户社区构建和控制。我们的循环经济依赖于使用区块链和各种代币，如 LAND、NFT、SAND 代币等，来构建 Play to Earn 的坚实基础。

无论你是玩家、创作者、投资人、LAND 地块拥有者还是游戏贡献者，作为用户生成内容游戏平台的利益相关者，你都应该接受并参与这个模式，并为价值提升作出贡献，从而获得回报。

这永远是一个公平的游戏，在这个游戏中，首要的不是让股东们富裕起来，而是让那些创造最多价值和拥有最好成绩的玩家富裕起来。随着这些新方法的规模化，看看会出现什么样的网络效应，以及一个真正开放的游戏内经济能产生什么样的效果，这些都将是令人兴奋的。

8.3　The Sandbox 经济系统

在 The Sandbox 这一虚拟世界中，主要有三大类资产：土地 LAND、代币 SAND、NFT 资产类（人物、道具等），这三类构成了 The Sandbox 的经济体系。如图 8-11 所示，玩家只有拥有了土地（或买或租）才能在其上开发游戏，让用户娱乐或者做任务赚钱，从而产生收入。而且如果游戏实在无法赚钱，玩家可以卖出或租赁手中的土地，让其他人使用。创作者可以通过 VoxEdit 制作数字作品，然后它们就会变成 NFT 作品，并被导入市场成为游戏资产。

图 8-11

从专业角度上来说，元宇宙世界里只要有一个创造 / 贡献点被引爆，那么对于一个基于网络的生态系统来说，它会自循环、自孵化、自进化、自创新，直至获取空前的成功与繁荣。目前来看，The Sandbox 在其进化过程里至少已诞生了"Land 土地"和"Sand 币"、"Market 市场"这三大亮点。The Sandbox 的目标是致力于创建一个所有玩家、创造者、土地所有者、管理员以及投资者都能利益一致的生态系统。

8.3.1　什么是 LAND

为了创建一个游戏，需要一块土地。拥有一块土地意味着拥有一个游戏内空间，在那里你可以创造自己的游戏。一块土地是 The Sandbox 中的一块数字不动产，玩家可以购买它并在其上建立体验。玩家拥有了一块土地，就可以在其中填充游戏和资产。多块土地可以合并成一个庄园或称为房产（ESTATES）。

一旦你为自己购买了一个土地，你就拥有了完全的所有权和对上面所有东西的控制权。因此，你可以在你的土地上自由地设计和运行你自己的游戏。另外，你可以邀请其他玩家帮助"培养"你的土地，或将其租给游戏创作者以赚取利润。换句话说，一个 LAND 代表一个服务器，所有者可以决定运行的游戏、实施的游戏机制、使用的资产，以及玩家是否可以加入（包括他们是否必须购买游戏或免费玩）。

在 The Sandbox 中，可用土地数总共只有 166464 块，形成整个地图，永不增减，如图 8-12 所示。LAND 有两种类型：

◎　LAND：是沙盒地图上的基本单元。游戏世界中每块土地的大小是 96m×96m。

◎　ESTATE：一个 ESTATE 是由多块土地组成，俗称土地群。

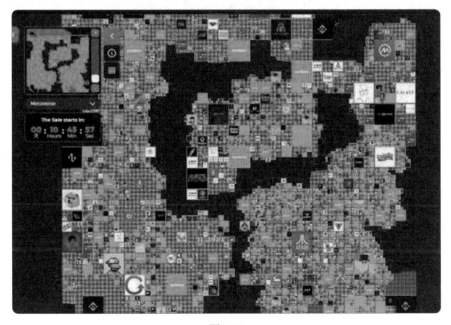

图 8-12

在 The Sandbox 中，玩家和开发者只有拥有了土地（或买或租）才能在其基础上开发和运营游戏，进而娱乐其他用户，或者做任务赚钱，进而产生实际收入。另外，即便用户在自己的土地上无法通过运营游戏赚钱，也能选择卖出或租赁土地，从而实现更加简单的赢利。

如图 8-13 所示，The Sandbox LAND 销售异常火爆，获取 LAND 主要有如下三个途径：

◎ 方式 1（一级市场）：公开 LAND 的销售，官方会不定期推出公开销售 LAND。
◎ 方式 2（二级市场）：在 The Sandbox 官方网站市场交易。
◎ 方式 3（二级市场）：在 http://OpenSea.io 网站等二级市场交易。

图 8-13

OpenSea.io 是一个 NFT 交易二级市场，可以交易包括像 The Sandbox LAND 及 ASSET（资产）之类的 NFT。影响 LAND 价格的主要因素：土地的大小和地理位置因素。跟现实中房子一样，房子越大，价格越贵；地段越好，价格越贵。

LAND 的主要作用如图 8-14 所示。LAND 是玩家进入创意世界的门票，玩家也可以经由虚拟地图来访问具体的 LAND 并参观，还有地标建筑，而这将会是游戏的重要玩点之一，也是游戏经济机制和对外表现的要点之一。土地持有者可以在其土地上举办比赛和赠品活动。举个简单的例子：在 LAND 上构建游戏，而在最快的时间内完成游戏的前三名玩家会赢得游戏代币。玩家可以玩游戏或设计师发布到 LAND 上的立体模型，LAND 可以成为游戏提供玩乐、探索或接待朋友的社交体验空间。你可以选择向其他人收取费用（以 SAND 代币支付）用来到访你的土地、玩游戏；也可以出售已定制开发游戏的土地而获利，或出租土地收获租金；还可以参与 The Sandbox 元宇宙的管理工作，土地的拥有权使你可以在管理中发声，参与决定平台的未来！

图 8-14

8.3.2　ASSETS 资产类

ASSETS 即资产，所有在 The Sandbox 中能被货币化和交易的东西，都可以叫资产。例如树木、建筑物或飞越 LAND 的巨龙，从史诗般的维京斧头到一对可爱的猫耳朵（即任何可以装备在角色上的东西），这些 ASSET 既可以放在 LAND 上来布置并增加游戏体验，也可以货币化进行交易。The Sandbox 平台将去中心化技术引入游戏世界，在保证游戏的安全性的前提下，确保资产的真正所有权。

The Sandbox 中除了我们介绍过 LAND、ESTATE、ASSET，还有两个在 The Sandbox 的生态都不可或缺的概念——GEM（宝石）和 CATALYST（催化等级），Gem 和 CATALYST 用来定义 ASSET 的稀缺性和属性。

Gem 定义了 ASSET 的属性，宝石分为五种属性，如图 8-15 所示，每配置一个宝石，可以为你的资产增加 25 个属性点。而属性决定了会在整个 The Sandbox 宇宙中显示的统计数据，也就是说 ASSET 的属性点数越高，资产等级越高，在游戏中就会越有用，进而增加价值。

图 8-15

CATALYST 共分为四种级别，每个资产都将被定义到某一个级别，级别越高的资产具备更强的稀缺性。如图 8-16 所示，催化等级与宝石相辅相成，越稀缺的资产将能装备更多的宝石，同时在市场上也将具有更高的价格。The Sandbox 元宇宙中最强大的资产是具有最高等级和最稀缺性的道具。

图 8-16

玩家在创建了自己的 ASSETS 后，即可拥有它们，可以自由定制并在游戏中使用它们，也可以移动到其他世界，或与平台上的用户交易。由于可以在市场上购买 ASSETS，玩家不一定非要创造自己的游戏道具才可以玩 The Sandbox，这样就释放了更多玩游戏的可能。

用户使用免费的 VoxEdit 编辑软件创建 3D 对象，如人、动物、树叶和工具，并可以将它们导出到市场成为资产。The Sandbox 为艺术家提供了更多功能。艺术家可以制作、导入自己的 3D 元素对象，对其进行动画处理，将他们的 ASSET（资产）上传到 MarketPlace，从而将其"铸造"为非同质化代币（NFT）进行售卖。

8.3.3 游戏代币 SAND

SAND 游戏代币作为一个访问通行证，允许玩家玩游戏，为自己的数字化身购买装备，可以购买游戏内土地，在上面创建游戏，并在市场上购买东西。如图 8-17 所示，The Sandbox 中的 SAND 是一种 ERC-20 实用代币（ERC-20 是以太坊网络的一种代币合约标准，ERC-20 标准规定了 Token 需要有它的名字、符号、总供应量以及包含转账、汇款等其他功能），建立在以太坊区块链上，发行总量为 30 亿枚，流通量为 8.92 亿枚，流通率为 29.74%。你可以在 The Sandbox 的元宇宙里用 SAND 代币购买土地与资产，然后用创作或者买来的资源打造属于自己的游戏。

为什么需要 SAND 游戏代币，总结原因，如图 8-18 所示。

（1）作为玩家：玩家花费 SAND 代币来玩游戏，购买装备或自定义他们的虚拟化身角色。

图 8-17

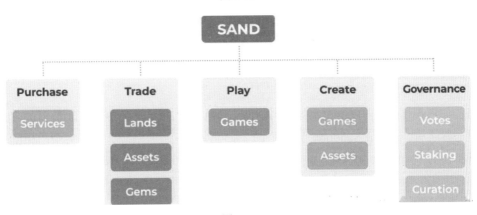

图 8-18

（2）作为创作者：可以在使用游戏创作工具 VoxEdit 创作后，将创作品拿到商城上贩卖以获得 SAND 代币。

（3）作为想购买数字艺术品的投资者：由于 The Sandbox 吸引全世界的创作者以及知名游戏公司加入，游戏中可能会有具有升值潜力的稀有作品，从而吸引数字艺术品投资者花费 SAND 购买。

（4）作为想分享游戏营运获利的投资者：依照设计，The Sandbox 将会向代币持有者提供收益和治理的权利，这意味着持有者可以使用他们的代币来投票，来行使表决权，例如对内容和游戏创建者的基金会进行资助，以及决定平台路线图上的功能优先级等。

（5）玩家和创作者可以用 SAND 代币购买或租赁土地，LAND 销售将推动对 SAND 代币的需求。

在 The Sandbox 中有很多赚取 SAND 的方式，以下列出来几个典型的方式：

（1）艺术创作者可以创造艺术品放在市场上出售来赚取 SAND。

（2）游戏创作者通过创造的游戏，分享给玩家玩来赚取 SAND。

（3）通过 LAND 买卖赚取 SADN。

（4）通过出租 LAND 赚取 SAND。

（5）将 SAND 质押到 LAND 获得奖励。

（6）通过玩平台游戏赚取 SAND。

（7）参加比赛赚取 SAND。

总之，SAND 的应用场景可以总结如下：

第一，SAND 是虚拟平台奠定所有交易行为的代币，通过 SAND 代币，玩家可以创建游戏和拥有不同的游戏体验，并从中获得收益，这是第一个应用场景。

第二，玩家可以通过 The Sandbox 来达到参与平台项目治理和执行投票权的权利。The Sandbox 团队还管理着一个区块链游戏基金会，基金会成立的初衷是奖励一些比较优质的内容创作者，成立至今也有给不少的优质的游戏创造者投入资金，去激励他们创造更好更优质的游戏。迄今为止，基金会资助了几十个游戏项目，并资助上百位艺术家制作 NFT 数字资产。

第三，它不像传统的游戏，你在游戏平台里面发生的所有交易，可能最后的收益都归项目开发者所有。在 The Sandbox 上，一个玩家可以和任何一个玩家发生去中心化的交易，比如用 SAND 代币去换取游戏的资源，这里面也会促生一些新的经济模式。

SAND 代币这一项目的目标就是希望能够通过区块链技术所带来的真正的像所有权、数字稀缺性、盈利能力和互操作性等一些方面的优势，来吸引众多的加密游戏或是非加密游戏的爱好者，将区块链带入到主流的游戏世界中去。

8.4 The Sandbox 基金奖励计划

基金会支持 The Sandbox 生态系统，提供资助以激励平台上的高质量内容和游戏制作，截至本文撰写之时，该基金会已经资助了几十个游戏项目，并授权数百名艺术家制作 NFT。The Sandbox 官方推出的激励创作者计划，只要你有能力，能够创造出有价值的东西，都可以向官方申请并获得一定的现金奖励。

8.4.1 游戏创客基金 GMF

如果你有游戏设计头脑，你可以向官方申请 GMF（Game Maker Fund，游戏创客基金）。如图 8-19 所示，GMF 的目的是奖励和激励那些在游戏设计或数字世界设计方面具有成熟技能的人，帮助他们制作和发布优秀的游戏和体验，供玩家访问、玩耍和享受。

　　成功的申请者将获得基金的资助，注册并通过作品评估之后，申请者的每个创作都可以拿到奖金，并且在游戏发布之后可获得售卖这些作品 100% 的收入，申请者的游戏也将在 The Sandbox 的市场中获得为期 6 个月的免费营销曝光。

图 8-19

8.4.2　NFT 艺术创造者基金

　　The Sandbox 的创作者基金是一项旨在通过奖励和激励艺术家为 The Sandbox 平台创建 3D 资产来支持艺术家的计划。创作者根据每个资产获得奖金，该奖励的范围从每个独特资产 2 美元到 60 美元不等。如图 8-20 所示，如果艺术家对创作的资源不满意，还可以在 VoxEdit 里修改，然后导入 Game Maker 中调试，直到达到满意的效果再提交到 The Sandbox 交易市场，以便在市场上出售他们的数字艺术品。

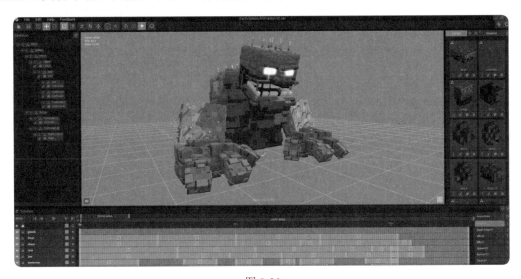

图 8-20

需要补充的是，创作者在 The Sandbox 打造的资源还可以用于多款游戏，比如可以导入到的《我的世界》以及多个与之合作的游戏，真正实现了将多个游戏世界互联。

8.5 The Sandbox 成功的启示

The Sandbox 沙盒游戏是一个基于区块链技术开发的虚拟游戏生态系统，它以虚拟世界为主打特色，玩家可以在游戏中建立、拥有和赚取专属利益。一旦某个创造／贡献点被引爆，那么对于一个基于网络的生态系统来说，它会自循环、自孵化、自进化、自创新，最终欣欣向荣。生态系统的自循环（见图 8-21）在 The Sandbox 的生态里，主要分为玩家、创造者和合作伙伴三类角色，任一角色取得突破，都会带动其他角色蓬勃发展。

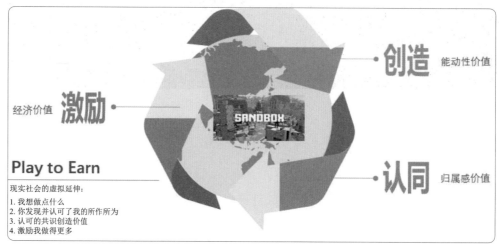

图 8-21

The Sandbox 的玩家们可以通过玩游戏获得奖励，也可以付费购买 SAND 币，创作者则可以通过作品变现的形式得到 SAND 币，然后在区块链交易所变现。与传统游戏不同，玩家、艺术工作者、游戏设计师可以通过 The Sandbox 提供的软件，例如 VoxEdit 和 Game Maker，为自己打造数字资产和应用，例如艺术画廊、3D 模型甚至游戏。

VoxEdit 和 Game Maker 两大充满创意的工具，激发了玩家更多的创造性。不断涌入的创造者，相比于单纯购买、建设、开发和运营当前的虚拟土地，是一件更有意义的事情。创造性的激发，催生出更多惊艳的作品。作品的出街，又将吸引更多玩家的加入。而 The Sandbox 也将在这样的自循环中不断壮大。

你发现 The Sandbox 属于典型的 Play to earn（边玩边赚）模式，让玩家首先赚（earn）到的是一种创造与经营的快乐。玩家创造的装备被购买，玩家设计的游戏吸引了更多人来玩，这本身就是一种满足与快乐。

而 The Sandbox 得以如此耀眼，都是因为注入了区块链。The Sandbox 是一个令人兴奋的沙盒主题的区块链游戏项目，旨在建立一个去中心化的、由 NFT 驱动的游戏玩家平台。区块链赋予了 The Sandbox 第二次生命。如果没有区块链，The Sandbox 里的每一块土地也一样可以被定义为稀缺，土地、装备也一样可以被流通，这是物品本身在生态里所具备的价值。注入区块链，让这个价值破圈。一个物品的"稀缺"，如果达到某种共识，这种"稀缺"就将更具价值。

The Sandbox 里的"资产"，将因为去中心化的区块链而得到更多的"共识"。这种"共识"也将让"资产"具备更大的"价值"。共识不可逆，而 SAND 也将越来越强大，"共识"的增强，自然会让生态里的唯一通证 SAND 变得越发强势。这些动作都会促成一个结果：了解、参与和创造 The Sandbox 的人将越来越多。人群的积累就是共识的增强。The Sandbox 的社群总人数已达到超过 30000 人的规模，是同赛道中人气最高的项目。

在现实生活中，每个人都要通过努力和贡献来获得认同，并获得直接和间接利益（回报），在 The Sandbox 的虚拟世界里同样如此。

The Sandbox 原本只是一款沙盒游戏，里面的资产只属于游戏玩家之间的价值流通。区块链的注入，让 The Sandbox 开始进入到加密领域，这份资产价值开始流通到了游戏之外。IP 的持续合作，不断扩大的群众基础，也许将会把 The Sandbox 推到更大的历史舞台，而这份资产价值或许也将进入更广阔的未来世界。

第 9 章
元宇宙的虚拟世界 Decentraland 体验

Decentraland 创立于 2017 年 9 月,是一个由区块链驱动的虚拟现实平台,也是第一个完全去中心化、由用户所拥有的虚拟世界。在 Decentraland 中,用户可浏览和探索内容、进行各种不同的活动,并与其他人和实体互动。开发者也可在 Decentraland 进行创作、建造,实现天马行空的创意想法。

9.1 Decentraland 介绍

9.1.1 什么是 Decentraland

元宇宙的虚拟世界有点像《头号玩家》刻画的那样,现实中的人利用 VR 头盔进入到名叫绿洲的世界,可以在绿洲里建立自己的个人形象,并和他人互动、参与活动等。

Decentraland 是一个完全由用户控制并基于以太坊技术支持的虚拟现实平台。在 Decentraland 平台中,用户将能够自由创建,体验应用内容,并且还能从中获利。当你拿起 VR 眼镜或者打开网页浏览器,就能感受到一个完全融入式的 3D 虚拟世界。用户可以在 Decentraland 的主体世界里参观其他玩家拥有的建筑、参与位于各建筑内的活动与游戏、触发一些特殊剧情(如捡到收藏品等)、和其他偶遇的玩家通过语音或文字对话、操纵自己的 Avatar(虚拟分身,Avatar 源自印度梵语,本意是指分身、化身)在这个虚拟世界里尽情畅游。而且,用户还可以发挥创造力,通过 Decentraland 提供的制作器创建属于自己的建筑,把它置于自己的世界里或对外销售。此外,用户也可以前往 MarketPlace 市场中购买现成的建筑、装备等应用内物品。

Decentraland 拥有几乎全部虚拟世界类应用的特征,但与普通的互联网虚拟世界不同的是,它将这一切搬上了区块链。区块链的应用不仅使得 Decentraland 中的一切产权和交易行为都有迹可循,也使得用户能够通过集体投票成为真正的主人和治理者。

2021 年 11 月 23 日,歌手林俊杰在推特上晒出了自己购买的 NFT,如图 9-1 所示,一时间让众多人关注到了元宇宙项目 Decentraland。

图 9-1

9.1.2　Decentraland 的体验

一家叫 Metaverse Group 的公司，花费 243 万美元（折合人民币约 1550 万元）在 Decentraland 里买下了一块虚拟土地，更是引发了轰动。Decentraland 是元宇宙概念下的一个区块链虚拟世界平台，其由 9 万多块地块构成，地块支持通过加密货币 MANA 购买。里面最贵的地块价格甚至超过了 100000 美元。土地这么贵，那么这个世界一定很精彩吧？

在浏览器地址栏输入网址 www.decentraland.org，来到激动人心的虚拟世界，如图 9-2 所示。Decentraland 目前是元宇宙中最活跃的平行宇宙，整个宇宙呈现卡通的风格。在 Decentraland 的元宇宙中，你可以找到各种各样的主题聚集地，包括聚会、跳舞、游乐场、时装秀、慈善晚会等。未来的 Decentraland 会打造成一个真实的虚拟世界，笔者先带领大家参观和探索元宇宙 Decentraland。

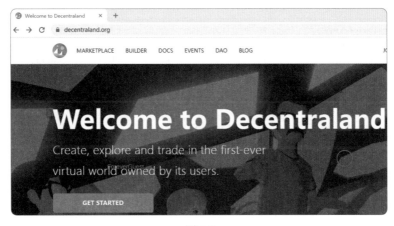

图 9-2

单击"GET STARTED"按钮，进入图 9-3 所示的页面，进入 Decentraland 有两种身份形式，一种是以游客身份（Play as guest）进入元宇宙，另外一种是建立虚拟身份（Play using your wallet）进行探索。这两种形式的区别在于前者只是临时身份，不会保存人物设定以及无法参与一些活动；而后者相当于注册了一个私人账号，所有数据都会保存在云端。

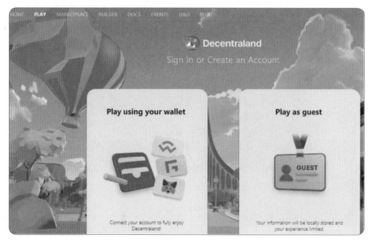

图 9-3

当然，如果想在 Decentraland 中有更多的体验，建议建立自己的虚拟身份，深度参与元宇宙。注册 Decentraland 账号非常简单，但需要你连接 MetaMask 钱包以验证账户，如图 9-4 所示。

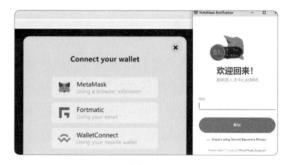

图 9-4

第一次进入游戏，我们首先看到的就是更改造型及服饰，这有点像扮装游戏，可以根据自己喜好打造造型，如图 9-5 所示。

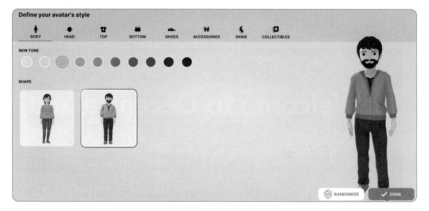

图 9-5

个人造型设置后，单击"DONE"按钮，会弹出窗口要求填写昵称和邮箱，如图 9-6 所示，笔者填写了自己的电子邮箱。随后是条款提示，把文字拉到最后，单击"I AGREE"按钮就可以了。

图 9-6

我们要先了解基础按键的作用，如图 9-7 所示，使你熟悉在虚拟世界中的操作。

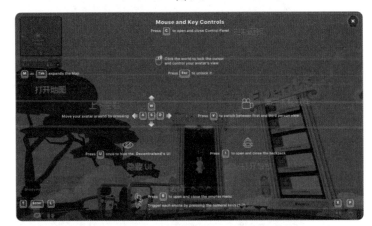

图 9-7

我们可以看到三个广告牌，如图 9-8 所示，从左到右分别是：经典区域 Classics、当前热门的活动 Events，以及最近较为活跃的区域 Crowd。我们可以去广告牌前点击感兴趣的地方，单击"Jump in"可以直接跳转过去。也可以从面前的水池一跃而下，就可以直接进入世界中。

图 9-8

点开地图，可以看到当前自己的位置，并且可以全览地图去想要去的地方。如图 9-9 所示，绿地广场是高流量区，紫色是私人主题区，灰色地区是私人土地。地图上一般有名字的地区，建筑都非常壮观。

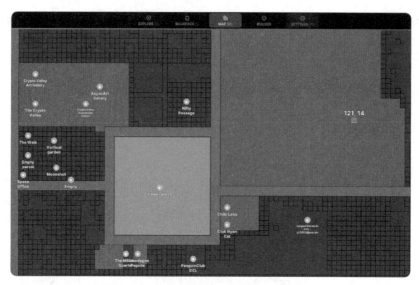

图 9-9

Decentraland 除了支持体素（体素是体积元素的简称，是三维空间中分割的最小单位，大家可以把三维空间中的体素看作是二维空间的像素）搭建外，还支持导入 3D 建模，因此这里的建筑物以及各种元素都更加天马行空。早在 2018 年，币安就跟 Decentraland 达成了友好合作，还在 Decentraland 买了地建了楼。如图 9-10 所示，金灿灿的币安美国 Logo 高悬在大厅入口，前台还放着几个社交媒体的指示牌，看上去非常气派，流线型的外观使其看起来更具现代美感。

图 9-10

而在各种建筑物中，最具代表性的建筑便是由中国团队搭建的龙城（Dragon City），如图 9-11 所示，颇具中国风的传统雕像射出红蓝两色光线，古典与现代科技元素的结合颇有中国风赛博朋克的味道。

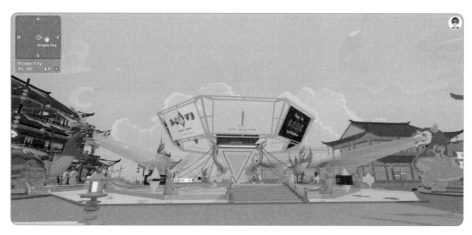

图 9-11

在 Decentraland 中，每个人的数字化身都更加真实，整个元宇宙也更加接近我们日常生活中看到的世界。同样，Decentraland 元宇宙中也有众多优秀的创作者，他们为这个世界创建了各种各样的娱乐设施，如图 9-12、图 9-13 所示。

图 9-12

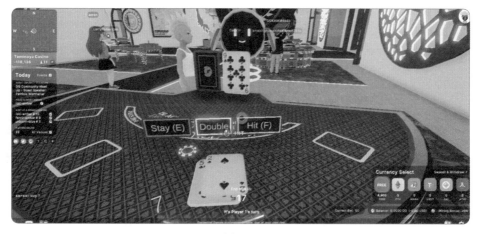

图 9-13

除此之外，其他很多区块链游戏中的 NFT，比如加密猫，都可以集成到 Decentraland 的世界中来，如图 9-14 所示，我们小时候玩"口袋妖怪"时梦想的和小精灵一起生活的世界即将变成现实。

图 9-14

在 Decentraland 世界各地还藏有各式各样的"彩蛋"，如图9-15所示。通过参与各个活动，你还可以领取到 POAP 徽章，这是一件"出席证明"NFT，是你活跃在元宇宙中的证明，也是你数字化身存在过的证据。虽然在目前看来，它们并没有多少投资价值，但是在未来，也许它就会变成"价值"本身。

图 9-15

Decentraland 之所以成就现在的地位，离不开自 2020 年以来流行的"数字艺术"，借由区块链"独一无二"的特点，这些数字艺术品卖到了令常人咋舌的高价。如图 9-16 所示，奢侈品拍卖行苏富比（Sotheby's）将标志性的伦敦画廊搬入虚拟世界 Decentraland，同时推出 NFT 促销活动。

图 9-16

如图 9-17 所示，你可以尽情地在 Decentraland 参观 NFT 艺术品。至少从目前来看，在 Decentraland 的构成中，艺术让人感觉处于中心地位。除了在整个虚拟世界中可见的创意作品和安排之外，还能遇到几个专门用来展示数字化艺术品的地方。

图 9-17

如图 9-18 所示，你可以在 Decentraland 参加新年派对和音乐会。

图 9-18

由于世界太大了，不可能去任何地方都要靠腿，捷径自然是有的。按回车键进入聊天框，输入 "/help" 会显示一些常用的命令。走捷径的方式就是传送门 /goto 坐标命令。 作为一个足球迷，Moonshot Stadium 足球场（坐标为 60,10）自然不能错过。下面我们输入 "/goto 60,10" 命令来到 Moonshot Stadium，如图 9-19 所示。

你以双方进攻球员 + 裁判的身份进入了足球场，单刀带球来到守门员面前，他面对你的绝对权威不知所措，被你戏耍，然后你轻松得分，如图 9-20 所示。

本着文体两开花的指导思想，赢了比赛的你决定去陶冶情操，于是来到了著名的博物馆区，如图 9-21 所示，这里大大小小的展馆里陈列着各式各样的画作，人物、山水、剧照……看得人眼花缭乱。其中的作品来自于全球的艺术家，在欣赏部分作品时，还会弹出作者的 Ins 账号和简介。

图 9-19

图 9-20

图 9-21

歌手林俊杰买了 Decentraland 平台上的三块虚拟土地，据估算花了大约 12.3 万美元，约合人民币 78.3 万。换个好理解的比喻，就是有人真的花真金白银在大富翁游戏里买了地，有可能会在上面盖房，也有可能会在上面开店。在常人的眼光中，大家难以理解。但对于明星们而言，这种独特感就是价值所在。

美国 80 多位明星以虚拟形象在 Decentraland 举办了一场演唱会。想要参与这场演唱会，不需要抢门票，也不需要排队，只需要打开电脑，戴上耳机。目前，Decntraland 上每天都会有大量的活动出现，包括艺术展、音乐节、游戏竞赛、企业发布会等。在艺术展上，正在展出的数字收藏品可以被用户直接购买；而虚拟世界的音乐节，艺术家也许不会收取门票，但可以通过专属的 NFT 形象套装获取收益。随着接触 Decentraland 的人越来越多，所谓的"独一无二"便越发重要。哪怕在虚拟世界里，我也要与众不同，为了未来，为了三十年后的绿洲。

9.1.3　和传统游戏平台有什么不同

传统游戏中所谓的极品装备是不是真的稀缺？就算真的稀缺，如何保证游戏公司不作弊？这一切在人性面前可能很脆弱。而传统大型的社交平台也是由中心化组织控制，管理网络的规则和内容流，同时从推动了平台流量的社区和内容创作者那里提取了大量的收入。这就是中心化服务器的弊端，一方面，理论上可以随意操纵你的资产，而你却无能为力；另一方面，真正在进行创造和创新的作者却很难从中受益。

而 Decentraland 不一样，它是基于去中心化的新型数字资产，可以保证你的资产是独有的，资产是完完全全掌握在玩家自己手里的，并且代码都是开源的，还有这么多的社区爱好者，所以不会出现服务器关停的情况，而且游戏也会因为代码开源的缘故变得公开公平。

相比之下，Decentraland 由去中心化的分布式自治组织（Distributed Autonomous Organization，DAO）管理。

分布式自治组织的概念最早由美国作家奥里·布莱福曼（Ori Brafman）在一本名为《海星和蜘蛛》的书中提出。他在书中将中心化组织比喻为蜘蛛，把分布式组织比喻为海星。蜘蛛是中心化（细胞）组织，如果把它的头切掉后（整个组织）就无法生存了。海星则是由彼此对等（无中心）的一堆细胞组成的，海星撕下的每只触手都可成长为完整的海星。海星和蜘蛛分别代表现实世界中去中心化和中心化的两种组织。海星型组织在遇到挫折和冲突被分解时，其组织将变成更小的去中心化组织继续发挥作用；而蜘蛛型组织在首脑被割掉之后，将无法继续运作。相比之下，海星型去中心化运作的组织将具有更强大的生命力。

DAO 的创建是为了将权力归还给使用数字平台的用户。DAO 参与者可以参与平台的创建规则及策略，以确定 Decentraland 运行各个方面的策略，包括物品出售、内容审核、土地政策、拍卖机制等。Decentraland 的目标是让其内容创作者拥有并获取他们贡献的价值。创作者在 Dencentraland 上创造的土地可以被自由地出售和交易。

元宇宙·互联网新未来

对于创作者来说，Decentraland 很大部分价值在于其对土地的拥有权和控制权。没有限制代表用户可以在土地上异想天开，建设游乐园、公司、购物场，或者在水陆空的世界自由地穿梭。也因为明确的所有权，用户可以在领地上创造出独一无二的专属体验，并且可以将为其他用户提供的价值与收益保存下来。

Decntraland 平台与其他 NFT 项目和区块链游戏的最大区别有两点：①将内容创造的权利交给用户；②由玩家制定游戏规则。在 Decntraland 中，用户在完成初始的场景创造后，可以根据自己的喜好，创造一个与他人完全不同的游戏规则。例如，你可以选择开一家虚拟电影院，通过出售电影票来获取收益；也可以创造一个游乐场，向其他玩家开放来获得收益。

9.2　Decentraland 的经济模型

Decentraland 是由以太坊区块链提供支持的去中心化虚拟现实平台，在 Decentraland 世界中，用户可以创建、体验和货币化他们所建造的东西和所拥有的东西。上一节我们已经对它的基本玩法进行了解析，本节将带大家了解它的经济模型。

9.2.1　游戏代币 MANA

MANA 是 Decentraland 的可替代 ERC20 加密货币令牌，和 LAND 一样，在 Decentraland 中使用。MANA 有固定的供应量，用于支付土地、化身、物品、收藏品以及游戏等娱乐活动，赚取 MANA 的能力是对游戏构建人员创建和管理优质内容的一种激励。当用 MANA 购买 LAND 后，该 MANA 即被烧毁，所以 MANA 也是一种通缩货币。

MANA 代币格式和基本信息如图 9-22 所示。

代币格式：ERC-20

基本信息：

总供应量	众筹总量	当前流通量	当前市值$
2,194,130,627	1,057,761,337	1.69B	1,221,771,880
上架交易所	持币地址数	当前价格	历史最高价
34	104878	$0.72	$1.63

图 9-22

Decentraland 中几乎所有交易都需要使用 MANA 代币，这也为 Decentraland 虚拟世界提供原动力。在 Decentraland 的 MarketPlace 中，你可以购买到一切你想要的东西，比如服饰、地皮等。同时，你也可以通过 Market Place 购买博物馆的展品、音乐馆的数字音乐等。

这也意味着 Decentraland 生态越繁荣，对 MANA 的需求将会越大。不同于传统货币的是，MANA 具有固定的最大供应量，每年的增发量恒定，但货币的基础体量在不断增大，这意味着通胀率会随着时间增长而逐渐降低，当 Decentraland 的总产值不断升高，增长速度超过 MANA 的供应速度，代币将会实现价值增长。

9.2.2　土地 LAND

Decentraland 中的核心资产是有限的、可流通的 3D 虚拟空间 LAND 土地，这是一个由以太坊智能合约维护的 NFT 资产。LAND 的持有者也就是地主，能够完全控制自己创建的内容环境和应用，小到一个静态的 3D 场景，大到具有更多交互功能的应用或游戏。土地被分割成地块，并用笛卡尔坐标 (x,y) 区分，每个土地代币包括其坐标、所有者等信息。每个地块的占地面积为 16m×16m，其高度与土地所处地形有关。地块永久性归社区成员所有，可以用 MANA 币购买。LAND 固定供应链为 90000 块，大部分现在仅在二级市场上交易。为确保 LAND 地块的价值稳定，Decentraland 中的土地数量对应于固定的 MANA 总量。用户可以在自己的地块上建立从静态 3D 场景到交互式的应用或游戏。一些地块被进一步组织成主题社区，又称小区（Estates）。通过将地块组织成小区，社区可以创建具有共同兴趣和用途的共享空间。

LAND 具有一定的稀缺性，其数量与 MANA 严格对应以稳定币价。影响 LAND 价格的最大因素是其周边的访客数量，这促使 LAND 的拥有者在土地上创建开发各类设施与活动项目以吸引访客。

在 Decentraland 的历次土地拍卖中，土地价格呈现出这样的规律：两个地块到世界中心点 (0,0) 的距离相等，则离道路越近的地块价值就越高；同时，人们喜欢孤立的四方地块"私人岛屿"。越靠近道路，能够展示的可能性越大，因此价格越高。

Decntraland 平台通过出售土地，为用户提供空间和建造模板。土地是该虚拟世界的基础，用户只能在土地上利用项目方提供的模板创造个性化的场景和形象，进行二次销售。玩家通过 3D 人物的形式，可以在这里模拟生活中的绝大多数活动，如购置房产、社交、看电影、逛艺术馆、甚至做生意等，类似于区块链版本的《我的世界》。

虚拟世界平台 Decentraland 上，一块数字土地被卖出了 243 万美元的天价，刷新了虚拟世界买地的记录。而在此之后，"元宇宙买房"的话题热度不断攀升，自媒体平台上相关的文章也是越来越多。但虚拟数字房产与现实房产毕竟还隔着"真实"这一道无法跨越的鸿沟，为什么人们还是会豪掷千金，入局元宇宙"炒房"？是因为投资属性大于居住属性。虚拟的数字房产资产的倒卖，都有唯一固定的坐标 (x,y) 和对应的拥有者，因此价格也可能在几次倒卖中升值。以最新成交的 LAND 作为案例，这宗虚拟土地在 2017 年年末首次出售时仅 113 美元，中间经过了 5 次倒卖，价格翻了 214 倍。

正如 Facebook 创始人扎克伯格提到的，元宇宙中有两大很重要的基本元素：虚拟化身和个人空间。人的体验与感受才是大多数普通消费者入局的初心，属于自己的个人空间无疑是虚拟房地产的一大卖点。

虽然大多数用户购买 NFT 和虚拟土地是出于投机的原因，但也有一些用户这样做是因为与这些虚拟环境产生关联。比如，他们首先想获得的就是沉浸式体验与无物理限制的畅想自由。正如 Decentraland 中的一幕场景：这是你的世界，你获得的不仅仅是虚拟的数字房地产，更是可以根据自己的想象随意开发虚拟土地的自由。可以建造自己的虚拟房屋，建立自己的品牌，或者展示自己非功能性的游戏收藏，供用户参观和欣赏。

在建筑设计上，元宇宙中不会受到物理法则的影响，只要愿意，各种造型的建筑都可以被建造出来，哪怕土地只有 500 平方米，也可以通过建造上粗下细的建筑来扩大建筑面积。

此外，元宇宙的虚拟建筑具有强大的互动性，这成为虚拟房产与现实房产两者之间最大的不同，大家更需要的是氛围。

9.2.3 Wearbles（可穿戴设备）

如图 9-23 所示，Wearbles 可穿戴设备是各种服装、配饰和身体特征，可用于定制 Decentraland 虚拟形象的外观。有一系列可供所有虚拟形象免费使用的默认可穿戴设备，但 Decentraland 还支持创建和使用由不可替代的代币（或 NFT）表示的定制可穿戴设备。因此用户可以设计有吸引力的可穿戴设备，这些作品被社区允许铸造和发布后，除了自身使用之外，还可作为 NFT 出售给其他玩家，使用户的作品货币化。

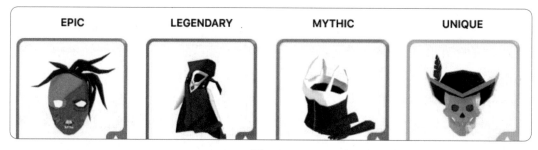

图 9-23

可穿戴设备类别如图 9-24 所示。

可穿戴设备稀有等级定义如图 9-25 所示。

创建和发布可穿戴设备的步骤如下：

（1）创建可穿戴设备。用户需要先在 3D 建模软件中设计想要的可穿戴设备，目前 3D 建模软件较多，比如 SketchUp、Blender 和 Maya 等，但是 Decentraland 要求导入的模型必须为 gltf 或 glb 格式，因此使用不同建模软件最后要保存为符合要求的格式。Decentraland 平台推荐的 3D 建模软件为 Blender，Blender 可以直接保存为 gltf 或 glb 格式，而其他软件需要安装插件才可以。

身体形状（整个头像的形状）	替换整个 Avatar 的身体
帽子	替换头像的头发。对于有一些头发暴露在外的帽子，必须将其固定在网格中的头发上，以防止头像在戴上帽子时秃顶
头盔	覆盖化身的整个头部，替换头发和面部毛发
头发	替换头像的帽子
胡子	面部毛发不会取代或覆盖任何其他可穿戴设备
头	嘴
	眼睛
	眉毛
上半身	例如夹克或衬衫
下半身	例如裤子或短裤
脚	
应用于头像的不同区域，会影响其他可穿戴设备的一些配件	
面具	替换头盔、头饰、eye_wear 并将覆盖 face_hair
眼镜	替换头盔和面罩
耳环	代替头盔
头饰	替换面具和头盔。例如皇冠或其他戴在头顶的配饰

图 9-24

稀有度	普通	独特	稀有	史诗	传奇	神话	唯一
发行量	100000	10000	5000	1000	100	10	1

图 9-25

（2）上传可穿戴设备。首先连接钱包登录，然后单击收藏选项卡中的"新建项目"或"新建收藏"，一个收藏夹中可以包含多个项目，目前每个项目不能超过 2MB。在上传新建项目后，系统会提示输入一些描述性信息，包括体型、名称、稀有度和类别，其中稀有度决定了物品可以铸造的 NFT 总数。最后，对每个项目设置铸造后第一次购买的价格以及收款地址（也可设置为免费）。

（3）发布可穿戴设备。点击发布后将提交给 Decentraland 中的管理委员会审查，该管理委员会是由 DAO 选出来的、负责审查和批准 Decentraland 社区提交的可穿戴设备的组织，只有在管理委员会批准通过之后，可穿戴设备才可以铸造，目前每件商品的发布费用统一为 500 MANA。铸造后的 NFT 可以在 Decentraland 商店和 MarketPlace 交易市场上交易。

9.2.4 交易 NFT

Decentraland 平台还提供了一个 NFT 二级交易市场 MarketPlace，可交易的 NFT 主要分为平台内的土地、可穿戴设备、特殊姓名（见图 9-26，特殊姓名也可以交易）和外部交易平台出售的 NFT。Decentraland 中的 MarketPlace 市场与其他 NFT 交易平台类似，门槛较低，玩家容易接受。大约一个月前，Decentraland 中用户创建的一双 NFT 鞋子售价达 1.8 万美金。

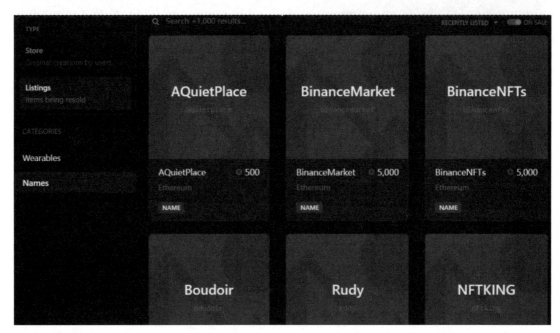

图 9-26

Decentraland 中的获利途径主要是通过 NFT。用户在 Decentraland 中除了获得虚拟世界的体验感之外，还可以通过创建作品使其 NFT 化以及交易其他 NFT 来获利。

9.3 Decentraland 是一个有前途的项目

9.3.1 定位精确，构建核心竞争力

Decentraland 的定位非常精准，VR 技术发展迅猛，却由于缺乏激励机制而面临优质内容创造的瓶颈期。游戏天然适合与区块链技术结合来解决其行业痛点，比如中心化的不透明，玩家的成果、装备无法变现等。而游戏本身对用户的吸引力是巨大的，尤其是当资产可以完全归个人所有的时候，将势必会迎来爆发性的超预期效果。

Decentraland 核心竞争力有三点：①第一是社区共识高，其实就是用户的认可度高，忠诚粉丝多。Decentraland 是 2017 年活下来的区块链项目，它也是灰度区块链行业最大的

投资机构，我们也是它的投资产品之一。目前 Decentraland 在全球有 60 万左右的社区用户，也是全球区块链元宇宙项目里面最多的；②第二是 DAO 治理，将社区治理权全部交给了社区，目前归属于 Decentraland DAO 基金。进入到 DAO 页面以后，大家可以进行提案，社区持有 MANA 的可以提案进行投票，基金会作为执行机构来协助社区执行功能；③第三是内容业态丰富，数量最多。衣食住行娱购游艺学工政，大家可以看到 Decentraland 业态非常丰富，而且是行业里面内容最多的。

9.3.2　商业逻辑清晰

Decentraland 其实就是把现实世界搬到虚拟世界的一个过程，而且拥有更强的自主性，比如可以在这片虚拟土地上再造一个拉斯维加斯、一个自由国度、一个恐龙时代，等等。只要你能想到的，都可以在上面建造，想想都觉得很神奇。

（1）对于投资者：由于每一块地都对应一个 (x,y) 坐标，而这个资产是永久属于购买者个人拥有的，所以投资者选择购买地块进行投资。在 Decentraland 上的土地是紧密相连的，你只能购买在一个已经存在的地块旁边，这有利于为特殊主题或地区保留空间，同时集中密集的地块也有利于商圈的形成，利用广告效应带动地块本身的升值，可以出租也可以卖掉赚取差价。这点类似现实世界的地产行业。

（2）对于项目开发者：首先，Decentraland 对于项目开发者在其上获得的盈利不参与任何分成。也就是说非常鼓励更多的开发者来 Decentraland 开发项目，费用全免，经济收益都是项目方和用户共享的。其次，Decentraland 允许三种东西的交易：货币、商品、服务。除了用户间可以即时小额支付外，虚拟商品存在一个原创的问题，Decentraland 建立了身份识别系统，可以通过加密签名的验证来确认商品是否具备原创的授权。

针对不同层次的玩家，Decentraland 也提供了不同的玩法。

（1）高阶玩家：对于熟悉区块链以及设计能力强的用户，玩法主要有创建 3D 场景、设计并出售 NFT。

◎ 创建 3D 场景。用户可以通过建模软件以及 Decentraland 自带的模型设计自己的 3D 场景，在场景中嵌入 NFT，利用场景的娱乐性和吸引力，提高 NFT 的曝光率和交易概率，或者嵌入外部链接（如 YouTube、Twitter 等），达到宣传的效果。

◎ 设计并出售 NFT。用户可以设计有吸引力的可穿戴设备，这些作品被社区允许铸造和发布后，除了自身使用之外，还可作为 NFT 出售给其他玩家，使用户的作品货币化。

（2）一般玩家：对于一般用户而言，玩法主要是直接参与 NFT 交易。通过 Decentraland 中商店和交易市场直接参与 NFT 交易，包括平台内的土地、可穿戴设备和独特姓名等，操作与其他 NFT 交易平台相似，玩家更容易接受。

9.3.3 代币升值的逻辑

在 Decentraland 上，土地需要使用 MANA 代币购买，MANA 是一种不可替代、可转移的 ERC20 代币。

土地的价值在于：

◎ 随着 Decentraland 生态的发展，形成商圈效应，底价水涨船高。

◎ 你所拥有的土地与关注中心的距离远近——位置很重要。

◎ 你可以以租或售的方式获取利益。

MANA 的价值在于：

◎ MANA 可以用来购买领地、商品和服务，可以理解为 Decentraland 这个虚拟世界的法币。

◎ 随着 Decentraland 拥有越来越多的用户，他们需要购买领地，购买商品和服务，MANA 的需求量增加。当 MANA 的供应量小于需求量的时候，MANA 就会升值。

◎ MANA 每年增发首年增发量的 8%，增发量是恒定的。所以 MANA 是否升值，还要看 Decentraland 虚拟世界的生态建设和用户对 MANA 的需求是否超过了增发量。

大家可以想象一下，来自地球各个角落的玩家通过 Decentraland 共同建造一个虚拟世界，带上 VR 眼镜，就可以化身成为另外一个人，可以在这个虚拟世界里重活你的人生，把现实世界里无法实现的梦想在这里呈现出来。你可以开一个游乐场，建一座电影院，甚至再现角斗场，也可以开一家医院、体育馆、银行、律师行等。在现实世界里没能拥有一套别墅，就在 Decentraland 里建一栋海边别墅。你也可以在这里开演唱会，成为一个明星，或是足球高手。总之，你能想到的一切，都有机会在你的土地上实现。

当然，Decentraland 需要有基础设施和基础规划，还要有支付系统、通用货币，买卖或租赁地块，建立商业区，以及给用户提供更多的激励方式，比如创意、建造、内容等。只要有参与贡献就有代币的奖励。未来的世界也许不再需要出去工作了，在家里就可以为 Decentraland 的多个项目提供服务而获取代币，用户可以拿到二级市场卖掉，也可以当作股票持有待涨。丰富的场景，趣味性强，再加上代币激励，可以吸引更多的玩家参与其中，逐步扩大生态。这也许就是未来世界的样子。

Decentraland 显然不是一朝一夕的工程，罗马不是一天建成的，这是一条创新之路，但是已经具备了精准的定位，完善的商业逻辑构想，可实现的技术支撑，同样也面临着挑战。如果你恰好拥有一块土地，那就让我们一起期待未来那个奇妙世界的到来吧！

第 10 章
元宇宙产业发展阶段与投资逻辑分析

元宇宙走红，国内的互联网科技公司也正在加速进场。网易的"瑶台"，百度的"希壤"，字节跳动收购 Pico 补足硬件短板，腾讯除了投资相关公司外，也在关注构建更大数字场景的相关技术。来自天眼查的数据显示，截至 2021 年 12 月 30 日，中国境内全年已有超 1.2 万例名称中含"元宇宙"的商标申请，相关商标申请人包括腾讯、网易、百度等大厂以及上汽集团、蜜雪冰城、双汇、海信、富士康等多个行业领域的知名企业。

元宇宙尚处于早期发展阶段，科技公司们的一举一动，既是为自身保持现有的行业地位的深思远虑，也将透过自身努力共同塑造着元宇宙的最终形态。

10.1 互联网发展的下一阶段就是元宇宙

10.1.1 元宇宙是未来数字世界的形态

元宇宙是一个包含丰富的数字内容的虚拟数字世界，是对人类生存和感官维度的拓展。根据维基百科的定义，"元宇宙是通过虚拟增强的物理现实，呈现出收敛性和物理持久性特征，基于未来互联网，具有链接感知和共享特征的 3D 虚拟空间"。目前互联网产业也对元宇宙的概念形成了一定程度的共识，其同时包括物质世界和虚拟世界，拥有全面而且丰富的数字内容，并且是建立在现实世界基础上的、需要保持持久稳定的虚拟空间。

元宇宙概括为人类生存维度的拓展——从现实世界拓展为由现实世界和虚拟世界构成的综合环境（Synthetic Environment），以及人类感官维度的拓展——从现实视觉、听觉、触觉拓展为包含现实和虚拟的综合感官（Synthetic Sense）。

10.1.2 互联网龙头布局广泛，投资力度较大

从头部互联网公司布局来看，互联网大厂对元宇宙布局广泛。Facebook 更名 Meta，全方位进军元宇宙，在硬件方面收购 Oculus，并加大 VR、AR 领域的投资，布局虚拟现实设备。Facebook 推出的 Workrooms 是面向 VR 用户的跨平台 VR 协作平台，是一个基于 VR 的协

同办公软件。其特点包括需要物理桌面、多数场景基于手势、VR协同、可连接PC键盘等其他输入设备。

国内互联网巨头们在元宇宙方面的进展如何？又是如何布局的呢？

2020年2月，腾讯参与Roblox的1.5亿美元G轮融资。2021年3月，Roblox成功登陆纽交所，上市首日市值即破400亿美元，被称为"元宇宙第一股"。此外，腾讯还投资了《堡垒之夜》游戏开发商Epic Games。BAT中率先推出元宇宙产品的是百度，2021年12月27日正式推出的国内首个元宇宙产品"希壤"App赚足眼球。希壤App截图如图10-1所示，百度希望把"希壤"项目打造成一个可触及、可体验、可提升的元宇宙雏形。至于"希壤"最终会是什么样子，我们谁也不知道，而这恰恰就是它最大的魅力，但是我们知道它应该是很美好的。元宇宙对算力的需求近乎无穷，"希壤世界"就大量使用了分布在各地的边缘计算节点资源。

图10-1

2021年8月，VR领域创业公司Pico发出内部信，证实公司被字节跳动收购。作为字节跳动版图扩张的重要一环，Pico将被并入VR业务线，整合字节的内容资源和技术能力。字节跳动本次收购Pico将为蛰伏已久的国内VR领域带来重大影响。

10.1.3 元宇宙的产生是技术全方位进步的结果

元宇宙包括三层生态：底层主要是后端基建和架构，中间层次是设备与平台，终端则是用户入口。用户入口涵盖游戏、体育、社交、文旅、教育等几乎所有主流场景，是虚拟与现实深度融合的重要应用。从技术支撑来看，底层架构包括三大主要技术，分别是网络及运算、人工智能、区块链。而后端基建层面则主要是物联网、交互技术和电子游戏技术。

同时，传感技术持续发展，包括动作捕捉、手势识别、声音感知等体感类设备迅速成长。一方面，体感类设备能够使得使用者在虚拟世界看到自己在现实世界的活动，能够加强体验感和沉浸感；另一方面，虚拟形象也能通过动作捕捉等方式具有互动能力，使得虚拟形象真实感更强。典型案例如应用动作捕捉进行直播，使得虚拟形象也能与观众进行实时互动；美国首档虚拟人物歌唱比赛也使用了相关技术，使"歌手"生动地呈现在舞台上。

5G 及相关网络通信技术的持续进步，推动了 VR 产品体验的提升，低延迟能够有效改善用户的使用体验。相比于 4G，5G 技术的优越性主要体现在高速率和低延迟，能够为 VR 产品体验带来极大的提升，也为元宇宙的发展奠定了重要基础。

对于所有 VR 设备，需要达到 150~240 fps 的刷新率才能让一般人觉得足够真实。目前超高清主要是 4K/8K，但相较以往进步显著，超高清技术的发展迭代也助力了元宇宙产业的发展。

技术升级带来了更加真实的虚拟体验，人类的虚拟形象从不会动的图片转换为 3D 形象，再到真实的全息投影，VR 设备也能够提供更加身临其境的游戏触感。同时，技术驱动下的虚拟体验提升也意味着虚拟现实的融合，更多线下场景包括运动、旅游、会议、展览、演唱会开始实现线上化，在疫情的催化下，虚拟与现实的边界被快速打破，元宇宙雏形逐步形成。

10.2　元宇宙：商业模式逐步显现

从产业发展来看，元宇宙的投资可从时间上分为三个阶段：概念阶段、商业模式显现阶段以及盈利阶段。概念阶段的元宇宙是一个远期愿景，技术及产品阶段较为早期，产品形态初级，商业模式大多尚未跑通，市场呈现概念横行、业绩寥寥的局面，不同玩家都在此阶段试图寻找商业模式的方向。

其次是商业模式显现的阶段，在前一阶段不同方向的试验基础上，这个阶段逐步出现较为成熟、可持续的商业模式，他们或者能吸引大量用户，或者能解决某些需求痛点，或者业务壁垒较强。随着商业模式的发展，最终会到达投资的第三阶段，这一阶段商业模式较为成熟，行业更加注重可持续发展以及盈利能力。

10.2.1　元宇宙商业探索：VR 产业

VR 通过对使用者感官的模拟，让其产生身临其境的临场感。AR 则能将来自数字世界的图像等虚拟信息模拟仿真后叠加到物理世界中，从而实现对物理世界的"增强"，让两个世界巧妙融合。随着元宇宙时代的到来，接入方式会变得更加多元化，沉浸式接入设备有望全面普及，接入速度和稳定性也会有本质性提升。

沉浸式体验是元宇宙的基本特征之一，而 VR/AR 设备是支持沉浸式体验的充分且必要的硬件。比如带上 VR 眼镜之后，自己的一举一动都会影响到虚拟世界中自己的形象，说它是通往元宇宙的关键接口一点都不为过，VR/AR 与元宇宙的关系就如同手机与互联网。

当然 VR/AR 技术并不是现在就有的，一般在大型商场里都有 VR 体验馆，花点钱戴上商家提供的 VR 设备就能体验虚拟过山车、密室探险等游戏所带来的"身临其境"的感觉。

Facebook 为元宇宙设想的一个场景：用户戴上 VR 设备，眼前出现一个虚拟会议室，在这个会议室中，每个人都有一个虚拟形象，用户在现实世界中的发言、举手甚至起立，这个虚拟形象都能实现复刻，与会者们相距千里之外仍然能实现面对面交流。

VR/AR 是元宇宙的重要组成部分，不是元宇宙的全部。但是 VR/AR 技术可以直接影响到元宇宙行业的发展。

VR 头显是虚拟现实头戴式的显示设备，是一种利用头戴式显示设备将人对外界的视觉、听觉封闭，引导用户产生一种身在虚拟环境中的感觉。其显示原理是左右眼屏幕分别显示左右眼的图像，人眼获取这种带有差异的信息后在脑海中产生立体感。VR 技术的实现原理是通过将计算机产生的电子信号与各种试听及体感输出设备结合，使其转化为能够让人们看到、听到及感受到的拟真沉浸式体验。VR 头显用户体验最好，具备独立屏幕，一般要配备较高性能的台式电脑主机、定位器和手柄，可用于高交互性、高流畅度的 VR 游戏体验。

Oculus 是 VR 行业一个耳熟能详的名字，它的 Rift 头显是这十年 VR 浪潮的代名词。Rift 头显舒适且易于佩戴，具有两个目镜，每个目镜的分辨率为 640×800，双眼的视觉合并之后拥有 1280×800 的分辨率，90 Hz 刷新率；Rift 拥有专用的头戴耳机，可提供 3D 立体音效；Rift 可以通过 DVI、HDMI、micro USB 接口连接电脑或游戏机。如图 10-2 所示，Oculus Rift CV1 是 Oculus 推出的第一款消费级 VR 头显，设计更轻便。

图 10-2

之前几年一直平平无奇的 VR，直到 2021 年元宇宙的爆发才出现在人们的视野。VR 产业链的良性循环发展遵循 "VR 头显销量增加→用户数量增加→内容需求爆发→内容收入提升→优质开发者入场→内容质量提升→ VR 头显销量继续增加" 的模式，当前 VR 产业链有望实现良性发展势态。

10.2.2　元宇宙商业探索：虚拟人应用

2021 年 10 月的最后一天，一名定位为虚拟美妆达人的抖音账号"柳夜熙"上传了一条题为"现在，我看到的世界，你也能看到了"的视频。短短两分钟的视频里，赛博朋克和古风奇幻场景交叉上演。这条视频在 24 小时内获得 300 多万点赞，涨粉百万，并以此登上热搜。

2022 年各大平台的跨年活动中，多位虚拟人亮相。例如，邓丽君虚拟形象与歌手周深同台合唱；曾登上过 2021 年春晚的虚拟偶像洛天依，也与硬糖少女 303 实现了同台演出。

虚拟人指并非真实存在，而是通过绘画、音乐、动画、CG 等一系列手段具现出来的某个形象，广义而言虚拟形象、动漫角色、虚拟歌手等都可以被划分到虚拟数字人范畴。

目前，在虚拟人大类下，虚拟偶像的商业化价值不断被发掘。虚拟偶像能够带动周边产业发展，与越来越多的产业联系在一起。目前中国虚拟数字人行业市场规模将实现爆发增长，多家公司入局虚拟人赛道，道理很简单，赛道热、资金多，哪怕没有过硬的技术，先入局占位就有成功的可能性。在虚拟人的应用领域中，目前大多数集中在企业级市场及文娱市场。

老板表彰年度优秀新员工并不稀奇，但荣获万科总部优秀新人奖的这个"崔筱盼"却并不普通，原因是她并非真人。如图 10-3 所示，这位名叫崔筱盼的新人，是万科首位数字化员工。在系统算法的加持下，崔筱盼很快学会了在流程和数据中发现问题的方法，以远高于人类千百倍的效率在各种应收 / 逾期提醒及工作异常侦测中大显身手。这类虚拟人的落地场景主要包括办公协同、服务、营销等。

图 10-3

腾讯助力平安普惠落地了首个金融行业数字员工——平安普惠金融 AI 数字员工，针对企业面临的人工成本攀升、人力缺乏、员工工作时间无法保障全时段服务等痛点，通过自然可视化的人机智能交互，打造金融数字人分身。这些金融数字分身目前累计已服务用户 500 万，审核成本降低 60%，7×24 小时的在线服务极大提升了用户服务体验。

除此之外，大部分虚拟人的应用场景集中在文娱市场。包括虚拟主播和具备 IP 属性的虚拟偶像，活跃于时尚、音乐与广告等领域。如图 10-4 所示，采用了智能语音定制技术的哈酱在 QQ 音乐、网易云音乐等多个平台发布了自己的新歌《MISS WHO》，正式以歌手身份出道。单眼皮、厚嘴唇、蓝色头的哈酱，定位是偶像化打造的嘻哈歌手。在人物小传中，她热爱国潮穿搭，既熟悉流行音乐，又热衷于传统文化。

图 10-4

AYAYI 是燃麦科技打造的国内首个 Me 超写实数字人，如图 10-5 所示。与一般的虚拟偶像相比，AYAYI 有着更贴近真人的虚拟形象。在皮肤质感上做到了对真人的高强度还原，并且可以依据不同光影条件做出相应的模拟和渲染。AYAYI 商业变现的方式主要是商务合作和广告代言。

图 10-5

消费者对虚拟偶像认知形成的同时也产生了情感诉求，在此基础上，形成基于虚拟偶像的消费意识。根据调研显示，有48.98%的消费者表示愿意购买虚拟偶像代言的服装、鞋帽、配饰、通勤包；37.3%的消费者愿意购买虚拟偶像代言的快消产品。

在北京冬奥会上，虚拟人的身影随处可见，比如在央视转播中负责手语解说的主持人，在开幕式上负责表演的演员，甚至在官方直播间负责带货的主播等，这也从另一个角度反映了未来虚拟数字人发展的广阔前景。据虚拟数字人深度产业报告的预测，至2030年，我国虚拟数字人整体市场规模将达到2700亿，虚拟数字人终将迎来爆发的一天。

10.2.3 元宇宙商业探索：虚拟办公空间

虚拟办公空间最广为人知的产品之一是 Facebook（Meta）推出的 VR 协作平台 Horizon Workrooms。2021 年 12 月 21 日，网易投资者沟通会在沉浸式活动系统"瑶台"（见

图 10-6）举办，这是国内互联网厂商在元宇宙产品与办公场景结合方面的重要尝试。

图 10-6

　　瑶台采用元宇宙会议系统，给与会者带来了全新的信息化体验。告别传统在线会议的低互动效果，致力营造活动氛围感和仪式感。用户可以自主操作虚拟人物，在拟真场景中面对面地聊互动，获得超越现实的沉浸式体验。用户可以随心打造专属虚拟形象，并实时控制虚拟人物的面部表情和肢体动作。

　　在疫情防控常态化背景下，线下会议线上化成为趋势。但是，随着视频会议的广泛应用，沟通不同步、效率低，参会者容易出现精神疲劳、注意力不集中等问题也逐渐暴露出来，急需更具有现场感、仪式感、沉浸感的线上会议系统，元宇宙会议系统是这种线上会议系统的终极解决方案。

10.2.4　元宇宙商业探索：链端原生游戏

　　元宇宙平台不会与任何单一的数字及真实应用程序或场景绑定，正如虚拟场景持续存在，穿梭在其中的对象和身份也是如此，数字物品和身份可以在虚拟场景中转移。在元宇宙构建虚拟空间成功之后，每个参与者都需要一个虚拟形象，基于虚拟形象，人与人可以在元宇宙中建立虚拟的社交关系。

　　区块链游戏也叫作 gamefi，其主要特点是玩家可以在游戏中边玩边赚，即不仅能在游戏中体验游戏的乐趣，还可以在游戏中赚到钱。玩家可以在游戏中获得代币的奖励，再到数字货币市场卖出；还可以把游戏中的装备、虚拟资产、土地、道具、宠物等直接在市场卖出。

　　区块链游戏 *Axie* 单日收入赶超《王者荣耀》，实现破圈，疫情期间带动了菲律宾大量失业人口参与游戏赚钱，实现了链游的破圈。

　　如图 10-7 所示，*Axie* 是由越南游戏商 Sky Mavis 开发的一款 3V3 在线卡牌对战游戏，竞技对战模式 1 个太少，5 个太多，3 个刚刚好。通过操纵一种名为 Axie 的小怪物和释放卡牌技能进行战斗。游戏中存在两种代币——平台治理代币 AXS 和功能代币 SLP（Small Love Part Token）。与传统游戏封闭的代币系统不同，由于 AXS 和 SLP 遵循 ERC-20 协议，使得 AXS 和 SLP 具有可交换性，可以通过去中心化交易所的流动池将 AXS 和 SLP 代币直接兑换其他代币，这就让这两种代币成为可以变现的资产。

图 10-7

游戏的规则很好理解，如图 10-8 所示：在进入游戏之前，玩家需要先用虚拟货币购买三只名为 Axie 的宠物，并利用它们进行繁殖，获得新的 Axie。由于 NFT 资产的特性，每只 Axie 都独一无二并完全属于玩家。因此，Axie 可以被直接出售，以换取其他玩家手中所持有的虚拟货币，兑换成现实中的法币。这就是游戏 Play to Earn 的核心流程。

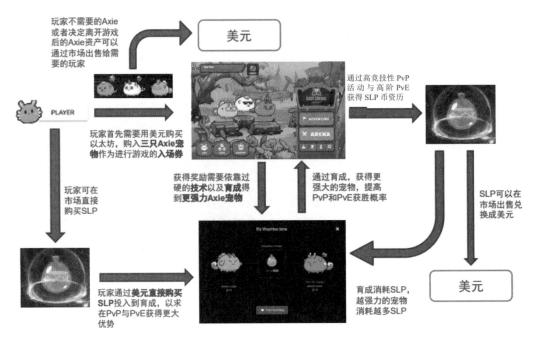

图 10-8

Axie infinity 主要通过战斗和繁殖构建自己的商业模式。对于战斗：玩家可以在冒险模式（PVE）或 Arena（PVP）中通过胜利获得 SLP 代币作为奖励。PVP 玩家可以打天梯排行榜，每个赛季排名靠前的玩家将赢得 AXS 奖励。对于繁殖：Axie 可以繁殖以产生新的 Axie 宝宝。Axie 宝宝可以进入官方市场售卖。繁殖将花费 SLP 和 AXS 代币作为繁殖费用。公司则依靠玩家在市场中购买和销售 Axie 时缴纳的 4.25% 的手续费，以及喂养 Axie 收费的方式打造新的代币 AXS 和 SLP。

就开发者而言，当前的游戏生态下，开发者们有四大痛点：游戏的开发成本高、时间长；游戏运营费用高；游戏创意容易被抄袭；收入分成的账期较长。就用户而言，他们的游戏资产权益经常得不到保证，游戏规则掌握在开发商的手中，平台推荐的游戏往往并不客观，等等。

而当前，适时出现的一些区块链游戏生态平台，主要为了服务游戏开发者进行游戏开发和保障用户权益而设立。就开发者而言，相比于传统的中心化开发平台，它们更加强调社区协作开发，因此这些开发平台的成员流动性较强，其参与推出的机制也较为灵活。在一般情况下，开发者通过工作量证明来获取收益，平台的收益即社区的收益。而玩家也可以在这些平台上掌握虚拟资产的所有权，并实现资产的跨游戏交易。

毫无疑问，元宇宙为我们描绘了一场即将到来的数字世界的盛宴，Play-to-earn 模式更是在当下提供了一种直观的效应。

10.2.5　元宇宙商业探索：虚拟经济与确权

与实体产品不同，虚拟物品的使用权与所有权更加难以统一。在现实空间内，所有权与使用权高度绑定，无论是现实内的一幅画或者一本书，均可在固定的现实空间中储存与欣赏，从而构成了在现实空间中物的稀缺性，因此对现实产品的所有权具备更强的排他性，从而具备资产属性。而在虚拟空间中，由于复制的零成本，用户的使用权与所有权更加难以统一。在虚拟空间，所有权的排他性相较于现实空间更差，使得持有的虚拟物品难以具备资产属性，而仅仅只有消费属性。因此，对虚拟资产，我们需要一种新的方式去描述其稀缺性和价值，NFT 基于其底层区块链技术，具备去中心化、不可篡改、透明开放等特性，从而赋予了虚拟物品的稀缺性和价值，使得虚拟物品可以资产化。

NFT 可以定义任何虚拟资产，甚至与实物资产映射，赋予其稀缺性和可信价值，其应用体现在创作者经济、交易平台、带来新的价值变现模式等多个方面。

实现创作者经济方面，佳士得以 NFT 形式拍卖了加密艺术家 Beeple 的 *Everydays: The First 5000 Days*。这一幅纯数字艺术品以 6025 万美元落槌，加上佣金最终以 6936.625 万美元（约合人民币 4.5 亿元）成交，创造 NFT 艺术的新纪录。2017 年 6 月 23 日，当 Larva Labs 发布 CryptoPunks 时，任何人都可以免费领取一个 CryptoPunk。如今，Punks 的价格在 100.5 ETH（38.1 万美元）和 4200 ETH（758 万美元）之间（截至 2021 年 10 月）。

NFT 的出现，本质上是降低了交易之前的验证门槛，从而使得交易中的信任成本降得很低，以至于在交易中充分释放其价值流动性的同时，又保障了其价值的稀缺性。目前的 NFT 市场还处于早期阶段，主要是由收藏心理、美学心理、投机炒作心理支撑起来的市场。但是，从加密艺术平台的兴起和推进、传统巨头的资产映射，再到原生加密游戏的破圈，都彰显着 NFT 正不断进行创新突破，发展势不可挡。

目前来说，NFT 的创建和交易仍然具有较高的技术门槛和认知门槛。除此之外，技术上面的机会还在于更有表现力的 NFT 作品上，现在的 NFT 多是收藏品、艺术品和游戏表情等表现形式的作品，在产品本身的表现力还比较初级，随着以后 VR/AR 技术的发展，越来越有表现力的 NFT 作品将陆续出现。迪士尼、兰博基尼等世界知名品牌已经开始介入 NFT 市场，未来会有越来越多的品牌加入这个赛道。未来有望看到具有技术优势、IP 赋能优势、有运营能力的平台团队逐步入局。

我们也要认识到，目前大部分 NFT 平台都局限于发布作品、炒作、形成共识、变现。NFT 发展势头中还是包含了不少泡沫，泡沫产生的原因包括过度的炒作、过度的金融化、非理性的追捧，以及短期的市场运营目标。

笔者认为，NFT 不会仅仅局限于艺术品收藏、加密游戏等领域，NFT 背后的文化价值还可以用来做更伟大的事。例如，保护世界文化遗产、保护环境、鼓励公益捐赠，甚至利用 NFT 来存储人类文明的重要典籍、濒危物种的基因库、探索宇宙等。通过 NFT 的交易让一些公共议题引起关注，NFT 的版税收入还可以用于资助这些公共事业。例如，NFTmart 将京剧中的脸谱与 NFT 结合，推出了极具中国特色的 Chinese Opera Mask Plus 系列 NFT，通过 NFT 的形式传承京剧文化。因此在元宇宙时代下，NFT 将通过游戏破圈，推动互联网向"虚实相生"的形式发展，有望将虚拟资产和实物资产相结合，真正体现万物互联的意义。

10.2.6 元宇宙商业探索：UGC 与创作者经济

虚拟平台是对环境和世界的开发运营，用户和企业可以在其中探索、创造、社交和参与各种各样的体验（例如赛车、画画、上课、听音乐等），并从事经济活动。这些业务有别于传统的在线体验和多人视频游戏，因为它们存在一个庞大的开发者和内容创建者生态系统，这些生态系统在底层平台上生成大部分内容并实现盈利。在可预见的未来，大多数用户将通过面向消费者、交互式和沉浸式的虚拟平台与处在萌芽阶段的元宇宙进行交互。

虚拟平台建成后，能推动生产者、用户、内容之间的良性循环。虚拟平台提供创作（包括引擎＋工作室＋工具）的技术基础设施、支持创作的服务（语音通话、玩家账户、支付等服务），并与平台上的创作者、开发者共享的消费者支出。更好的技术和工具会带来更好的体验，从而带来更多用户和更多的用户支出，这意味着可以产生更多平台利润，从而可以产生更好的技术和工具，吸引更多的开发者和更多的用户。当下，最流行的虚拟平台是 Roblox 和 The Sandbox，这些领先的虚拟平台都起源于游戏，因为游戏是目前最复杂、最大规模、最多样化的模拟，我们认为，其他消费级体验短时间内还没有对类似计算能力的需求。

以 Roblox 为代表的 UGC 游戏模式成为元宇宙早期的成功应用。Roblox 构筑了一个大型经济生态。对于创作者，其产品可以通过平台获得虚拟货币，从而获得基于其制作游戏的分成收入。对于平台，丰富的创作者基础带来了平台内容的持续迭代，从而持续带给玩家新体验并吸引更多新玩家进入。创作者与平台形成了一个较为透明的博弈格局，创作者入驻意愿增强，带来了平台自身的活力。

10.3　元宇宙带来产业形态改变

10.3.1　生产关系改变：物理时空的突破

与现实生产相比，虚拟生产的最大特点体现在减少的物理限制和空间尺度。一方面，虚拟生产几乎没有原材料限制，同时流程极短，绝大部分虚拟创作仅需要简单的材料即可，且不需要大规模的采购和库存，产品存储成本几乎为 0，此外还具备较强创造性，标准化程度较低。另一方面，虚拟生产没有地点限制，利用网络数据传播。虚拟物品的全球运输非常容易，体现在基于网络的产品全球化传播能力极强，壁垒主要在于语言等文化隔阂，而非物理距离限制。

具体来看，元宇宙在未来应用场景层面将形成产业元宇宙（推进物质世界生产效率为核心）和消费元宇宙（丰富个人精神世界为核心）的双中心形态，以虚实相融的两条发展路径逐步融合发展，最终形成物质世界与精神世界的闭环生态。

对于产业元宇宙而言，由实向虚是指不同行业布局数字化、线上化，可借助虚拟场景的使用及帮助，提高物理世界的实际效率。比如，职业教育引入仿真、虚拟化的数字场景，为学生提供高效联系的方式。在工业设计领域，通过 3D 仿真模型加快工业设计流程，大大降低试验阶段的安全隐患及资源成本。而由虚向实是指虚拟世界的新兴产业，既可以在虚拟世界中进行流通、展示、使用，同时也可以在物理世界产生切实运用，对物理世界形成影响，并创造实际经济价值。

对于消费元宇宙而言，由实向虚是指通过数字化的虚拟体验，实现现实增强，从而丰富对物理世界的感受。比如，可通过 AR 眼镜实现个人出行导航、世界各地的人们在同一个虚拟办公室中开会，或是虚拟试穿 / 试用产品后下单购物，等等。而由虚向实是指通过在新兴虚拟场景中为个人带来真实的多元交互体验，以满足个人的精神需求，同时个人也可以在虚拟世界中发挥创造力、想象力，创造实际社会及经济价值，从而创造演唱会、短视频、电影、游戏等领域的全新虚拟体验。

10.3.2 社群关系改变：基于兴趣的"邻里关系"

由于空间距离限制的消失，虚拟世界的社群关系将有别于传统社群关系。回顾互联网社交的发展历程，最早的社交以沟通与交流为核心，解决的是信息交流问题；Web 1.0 时代，以中心化的门户网站为核心，解决的是信息传播问题；Web 2.0 时代，用户内容生产增加，互联网呈现关系为王、去中心化的特征。而在移动互联网时代，用户进一步增加，社交关系呈现平台化、垂直化与社区化的特点。

据咨询调查，移动社交用户的社交需求方面，认识同好占比仅次于熟人通讯。从新公测的社交产品来看，基于短视频和基于兴趣的社交媒体是目前新社交产品的主要突破方向。我们认为，元宇宙的场景是目前社交场景的延续，在虚拟世界中的 Avator 虚拟化身，其联系纽带有别于现实中的空间纽带，而是基于某种共同志趣和自身属性的连接，这种连接有望形成虚拟世界的"邻里关系"。

笔者认为，移动互联网的社交到元宇宙时代的社交的关键特点是基于兴趣和同好的社交内容强化。传统的熟人社交以现实为纽带，包括亲缘关系和邻里关系，同时也包含了同事、同学、朋友等。陌生人社交则更多基于兴趣、情感需求等，由于目前陌生人社交产品使用场景仍然离生活较远，远离社交工具后，其存在感较低。

在元宇宙时代，基于兴趣的场景有望成为人们交流的纽带，成为虚拟世界下的"邻里关系"。虚拟化身有望具备更加生动立体的形态，并且捕捉面部表情，在社交体验上与现实社交更加接近。元宇宙的内容生产带有虚拟成分，创作属性增强，带动具备相同兴趣的成员合作。虚拟世界没有空间隔阂，其分隔将由物理位置的分隔变为其他形式的分隔。从目前的陌生人社交产品和社交场景来看，基于兴趣、目的等的形式将是虚拟世界人群分隔的主要形式。

10.3.3 组织关系改变：DAO

DAO 是在区块链及 NFT 等技术基础上衍生出来的概念，其核心是由达成同一个共识的群体自发产生的共创、共建、共治、共享的协同行为。DAO 具备四大特点：

（1）分布式与去中心化：DAO 不存在中心节点以及层级化的管理架构，而是通过自下而上的网络节点之间的交互、竞争与协作来实现组织目标，是一个民主自治体系。各节点的业务往来遵循平等、自愿、互惠、互利的原则，由彼此的资源禀赋、互补优势和利益共赢所驱动。

（2）自主性与自动化：在一个理想状态的 DAO 中，管理是代码化、程序化且自动化的，即"代码即法律"，组织不再是金字塔式而是分布式，权力不再是中心化而是去中心化，由于 NFT 可以通过各种形式对成员的权益进行透明化的定义，因此 NFT 在 DAO 中被广泛应用。

（3）组织化与有序性：依赖于智能合约，DAO 中的运转规则、参与者的职责权利，以及奖惩机制等均公开透明。

（4）智能化与通证化：从实践来看，DAO 是具有共享股权结构表和银行账户的互联网社区，能够通过治理为成员提供发声渠道，形成扁平化的结构，创造灵活的工作流，分配资源以完成一个核心任务。从类型来看，DAO 几乎无所不包，在捐赠、投资、服务、协议、社交、收藏、媒体等方面均有 DAO 的应用。从形式来看，最轻量的 DAO 是链下治理的探索，其目的是创造活跃讨论和社区归属感，而不是利润。重型的 DAO 涉及巨额资本，需要链上治理以执行和批准提案。

10.4　普通人该如何入局元宇宙

元宇宙发展至此，似乎已经成了被调侃的工具，好像什么东西都可以加个"元"，网络上流传的"元防水"成了人们茶余饭后的笑料，也因此人们对元宇宙的印象大打折扣，认为其就是一个概念炒作，而这时候想起那些上市公司蹭元宇宙热点的行为还是蛮温柔的了。

但当我们重新去审视行业中发生的变化时，我们不得不提到更多不被大众熟知的消息，来证明元宇宙并不是概念，而是一个即将发生的未来。

当然，过去一段时间大公司对元宇宙的布局从商标注册上就可看出一二，从阿里到腾讯，再到众多车企品牌，元宇宙商标估计成为过去一段时间的热门注册列表。

或许更多人会问，元宇宙既然这么有潜力，也这么受资本和企业热捧，但这与我们普通人有何关系？

如果是 10 年前在移动互联网刚刚崭露头角时便投身其中，现在再差也是个流量自媒体，而元宇宙带来的机会，或许和过去 10 年的移动互联网浪潮相似。那么作为普通人或者行业参与者究竟该如何抓住这一发展红利？又有哪些机会可以被把握？下面将从 3 个维度为大家梳理一下。

10.4.1　先于他人，入局元宇宙

科技在飞速发展迭代，并逐渐走向了多学科融合的产业链。在这样的背景下，元宇宙的走红并非空穴来风，而是大势所趋。随着科技的发展和人类对于交互及自由的更高层次的需求，元宇宙的诞生是顺应时代的潮流。每一次对潮流的精准把握才能跟上时代的步伐，在元宇宙概念来临之际，首先要做的就是先于他人、入局其中。

Roblox 的联合创始人 Neil Rimer 曾经说过，"元宇宙应该属于用户"。Roblox 元宇宙并非属于任何行业巨头，它是数百人共同创造的结晶。每个人都可以通过内容创作、编程、游戏设计和其他一切的方式在元宇宙中创造自己的价值。

任何人都可以加入到元宇宙当中，并且成为重要的组成部分，快速地学习和了解元宇宙或许在不久的将来是我们的必修课。

就好比在 19 世纪 90 年代，国内流行大哥大的时候，我们很难想象在 30 多年后的今天，

每个人都会使用智能手机一样。元宇宙的未来或许对现在的我们来说有些难以理解，但我们可以做的是保持好奇心，并接纳新兴事物，同时思索自身的技能能否符合元宇宙所需，把握住新的机会并加入到元宇宙的这场游戏当中。

在大部分时代发展机遇之中，我们需要以创造者的身份来介入，而不是消费者，这是一种角色的转变。在移动互联网时代，大部分人实际上都充当着消费者的角色，当你使用手机扫码支付，或者每天用手机叫外卖的时候，实际上个人都是消费者。同时，像 AI、大数据等领域，由于介入门槛和技术要求很高，大部分人只能使用这些公司提供的产品，最终还是绕不过充当消费者的角色，而消费者是花钱的，不是赚钱的。在元宇宙里，如果想要享受发展红利，那么必然需要改变自身角色，避免充当消费者，而是要充当服务提供者。我们每一个人都需要认真地思考：元宇宙的时代来临了，我们准备好了吗？

10.4.2 内容创作，打造个人 IP

回顾互联网快速发展的那几年，整个社会的经济模式发生了巨大的变化，不论是电商类代表拼多多还是咖啡饮品类的代表瑞幸咖啡，都借由互联网的契机在短时间内迅速崛起，同时也推动了知识付费走向风口。提到知识付费你会想到谁呢？罗振宇还是吴晓波？

罗振宇曾担任央视《经济与法》《对话》等节目的制片人，作为传统媒体领域的一员，互联网带来的变革与冲击引发了他对未来的思考。2012 年，微信用户达到 1 亿，随着微信公众号的正式上线，迎来了自媒体的时代。同年，罗振宇创办的《罗辑思维》第一期视频上线，同名微信公众号开始运营，每天一条 60 秒的语音，让《罗辑思维》成为知识付费的代表。

与罗振宇同样深耕于传统媒体的吴晓波，在互联网开始迈向新阶段时转战自媒体，开通了名为"吴晓波频道"的微信公众号，凭借公众号发展的黄金时期，"吴晓波频道"很快就火爆起来，成为拥有百万粉丝的头部大号。

不仅是罗振宇、吴晓波，还有从央视离职后孵化出《奇葩说》的马东等，他们似乎有着相同的故事，最终都成为互联网时代下行走的 IP。马克·吐温说过，"历史不会重演细节，过程却会重复相似"。在被称为元宇宙元年的当下，这句话就显得非常切合时宜。

目前，NFT 与游戏领域中的创作者正因此受益，一旦这些元素拥有了 IP，就拥有了强大的生命力，至于谁会成为元宇宙中的"罗振宇"，我们拭目以待。

以 The Sandbox 为例，很多人说它就是一种游戏而已。但是如果我们真正体验过后，可以发现，The Sandbox 的游戏最让人着迷的是，它将游戏规则的创作主动权交给用户，让用户自己在平台上创作他们想要的东西，从而获得一定的价值表现。

制作 NFT 所需的媒体文件与你制作任何其他媒体文件相比没有不同，比如上传到电脑的 JPG 照片，或是你用音乐制作软件制作的 MP3 音频，在做好传统的媒体文件后，只需要将这一文件发送到 NFT 铸造平台上进行代币化，从而把它做成 NFT。

创作者的重要性再次被突显出来，仍处于早期的元宇宙正是需要大量内容的时候，不仅是一段文字、音乐、视频，更多的是可以与用户互动的内容。而抓住时机并率先入局的创作者更容易形成自己的个人 IP，并且相较于传统 IP，元宇宙开放自由创作的特性，打破了空间与场景的限制，能让 IP 具有更大的想象空间。

10.4.3　把握时机，坚守创业

每一次时代的变革都将引发新一轮的商业狂潮。全新的市场，全新的商业模式，全新的职业，会将原有固化的市场格局打破，此时在汹涌的时代洪流中，不管是在上一个时代稳坐江山的老将军，还是新时代下初出茅庐闯天下的新人，谁也不能幸免。

20 世纪 90 年代，美国曾经的影碟租赁巨头百事达（Blockbuster）在当时如日中天，全球最多有 9000 家门店，但在进入 2000 年后，却忽略了互联网的发展，未能延续王者地位。而曾经经营困难，甚至一度希望被百事达收购但遭拒的奈飞（Netflix），则把摸住了时代变革的脉搏。

奈飞在当时家庭 PC 电脑安装率持续增长、互联网迅速普及的时期，大力发展线上业务，并且推出了流媒体在线观看业务。几年的时间，奈飞就彻底颠覆了百事达成为了新一代的王者，而百事达则船大难掉头，创新时遭到自身内部的重重阻碍，最后眼睁睁地看着奈飞崛起，如今已无人问津。

国内的互联网则更是一本丰富的故事集，当传统行业还在走经销商路线之时，淘宝借助互联网浪潮崛起了电商的新模式。

同样新老更替的故事还不仅仅局限于互联网，随着通信技术的发展，移动互联网也随之形成。曾经的手机王者诺基亚，在大屏的智能手机到来之际，并没有跟上时代变革的步伐，只短短几年时间便让这位笑傲多年的王者陨落，苹果则作为开启智能手机时代的先驱加冕为新王。

大公司的情况自不必说，如果是个人的话，不妨考虑躬身入局，通过创业来抓住这次变革的发展红利。不用担心大公司的优势太大，大公司也有自身的问题，并且当前元宇宙的市场还处于非常早期一片蓝海，甚至对于整片市场是怎样的，都还没有明确的划分。

元宇宙本身也是一个想象空间巨大的市场，涉及的技术颇多，随之衍生出的商业模式也很多，未来的可能性也有许多，弱水三千只取一瓢，哪怕是只取一瓢，所获得的元宇宙红利都会十分巨大。

只是可能性大，不确定性也非常大，这一点对于大公司或者创业者来说都是同样的，踩错点而陨落的大公司也不计其数。所以，在新浪潮中这是一场相对公平的比赛，谁能踩得准，谁更有魄力，敢下注，并且及时调整，最终闯出一条生路，谁才是赢家。

后记
成为虚拟世界中的超级英雄

20年前,当你谈论互联网时,大多数人会觉得你在痴人说梦;20年后,当你离开互联网时,你几乎寸步难行,事事不顺。而今天,当你谈论"元宇宙"时,很多人可能也会觉得你只是在异想天开。但是,更多走在时代前沿的人,早已将目光瞄准了这一崭新的蓝海,看见了无比广阔的未来。

1992年,科幻小说《雪崩》发表,元宇宙概念横空出世。有人以为这只是科幻,有人却从中嗅到了未来。2014年,Facebook创始人扎克伯格造访彼时成立不到两年的VR公司Oculus,戴上头显头盔的那一刻,他说:"你要知道,这就是未来。"国内国外,还有越来越多的互联网巨头争相加入元宇宙这一赛道,因为他们知道,大势已不可挡。

元宇宙,就是将现实世界几乎完全数字化,人类的娱乐、社交乃至于工作,都可以在元宇宙中完成。这或许听起来很不可思议,但却是逐渐成真的"幻想"。我们可以在元宇宙中的虚拟餐厅中使用虚拟货币为现实生活中的自己点一份外卖,可以在元宇宙中的体育馆中和数字世界的邻居们一起观看球赛、演唱会,可以在元宇宙中的交易大厅直接投资各种股票、基金,可以在元宇宙中的大会堂为元宇宙世界治理提案投出选票。

虽然当前的元宇宙仍然存在着一些问题与泡沫,但不可否认的是,元宇宙的时代正在来临。人类文明的发展一定是"虚拟现实"和"星辰大海"的并行发展,我们需要为此做好准备。

在2022年1月21日深圳福田区第八届人民代表大会第二次会议上的政府工作报告中,首次写入"元宇宙":"深入实施数字经济发展三年行动方案,探索建立数字经济监测评价体系,大力发展数字新基建、数字新科技、数字新智造、数字新金融、数字新文化、数字新商贸六大数字产业,积极引进数字经济领军龙头企业和示范项目,推动区块链、量子信息、类脑智能等未来产业的技术转化成果加速落地,多领域拓展数字人民币、元宇宙等技术应用场景，扎实推进深圳数据交易中心建设，打造数字经济发展新高地。布局超过 20 平方公里的总部经济圈，力争市级总部企业突破 100 家。引进国内外顶尖人力资源、法律、会计服务机构，推动专业服务业向高端延伸。"过去 40 年，深圳创造了世界城市发展史上的奇迹，现在，深圳看到了数字经济的未来将必然走向"元宇宙"！

　　电影《头号玩家》中有一句经典台词："大家来到绿洲是因为可以做各种事，但是他们沉沦于此是为了不一样的人生。"绿洲是《头号玩家》电影世界中的元宇宙，人们在绿洲元宇宙中社交、娱乐、工作，现实生活中一贫如洗、毫无存在感的普通人，也可以成为绿洲元宇宙这个虚拟世界中的超级英雄。

深度学习图书推荐

《深度学习案例精粹：基于TensorFlow与Keras》

本书由13个深度学习案例组成，所有案例都基于Python+TensorFlow 2.5+Keras技术，可用于深度学习的实战训练，拓宽解决实际问题的思路和方法。

《TensorFlow知识图谱实战》

大数据时代的到来，为人工智能的飞速发展带来前所未有的数据红利。在大数据背景下，大量知识不断涌现，如何有效地发掘这些知识呢？知识图谱横空出世。本书教会读者使用TensorFlow 2深度学习构建知识图谱，引导读者掌握知识图谱的构建理论和方法。

《TensorFlow人脸识别实战》

深度学习方法的主要优势是可以用非常大型的数据集进行训练，学习到表征这些数据的最佳特征，从而在要求的准确度下实现人脸识别的目标。本书教会读者如何运用TensorFlow 2深度学习框架实现人脸识别。

《TensorFlow语音识别实战》

本书使用TensorFlow 2作为语音识别的基本框架，引导读者入门并掌握基于深度学习的语音识别基本理论、概念以及实现实际项目。全书内容循序渐进，从搭建环境开始，逐步深入理论、代码及应用实践，是学习语音识别技术的首选。

《TensorFlow 2.0深度学习从零开始学》

本书系统讲解TensorFlow 2.0的新框架设计思想和模型的编写，详细介绍TensorFlow 2.0的安装、使用以及Keras编程方法与技巧，剖析卷积神经网络原理及其实战应用。

《深度学习的数学原理与实现》

本书主要讲解深度学习中的数学知识、算法原理和实现方法。内容包括深度学习概述、梯度下降算法、卷积函数、损失函数、线性回归和逻辑回归、时间序列模型和生成对抗网络、TensorFlow框架、推荐算法、标准化正则化和初始化、人脸识别案例、词嵌入向量案例。

《Python深度学习从零开始学》

本书立足实践，以通俗易懂的方式详细介绍深度学习的基础理论以及相关的必要知识，同时以实际动手操作的方式来引导读者入门人工智能深度学习。本书的读者只需具备Python语言基础知识，不需要有数学基础或者AI基础，按照本书的步骤循序渐进地学习，即可快速上手深度学习。